ちくま新

ひと

られたい」のか

——承認不安を生きる知恵

1547

山竹伸二
Yamatake Shinji

ひとはなぜ「認められたい」のか——承認不安を生きる知恵【目次】

はじめに――認められない「わたし」 007
自意識が生む承認不安／不安が生み出す被害妄想／空虚な承認ゲーム／終わらない同調行為／自由な社会と承認不安／自己の喪失と〝自分探し〟／自由に生きると認められないのか？

I 「認められたい」欲望の正体 027

第1章 なぜ「認められたい」のか？――承認欲望の現象学 029
「存在の承認」と「行為の承認」／承認欲望の現象学／承認する三つの他者／一般の人々の承認／ネット上の見知らぬ人々／自己承認の力／普遍的視点からの自己承認／価値観の多様化と承認不安／認められたいのはなぜか？／自由と承認は両立するのか？

第2章 「認められたい」欲望の形成――幼児から高齢者まで 057
存在への無条件の承認――幼児期の心／自己了解と自由／行為の価値に対する承認――幼児期から児童期の心へ／自己ルールの形成／没頭体験と自意識／同調圧力と空虚な承認ゲーム／思春期の自己承認／親友の希求と中二病／普遍的視点からの自己承認／承認の相補的関係／社会人と世間のまなざし／人生後半の承認不安

Ⅱ 自由な心を蝕む「認められたい」不安 091

第3章 承認不安が生む心の病 093

承認不安シンドローム／不安の現象学／不安の暴走と悪循環／不安に対する承認不安／過剰な不安が生む不適切な行動／なぜうつ病になるのか？／自己ルールの歪み／自己愛の病理／心の病とは何か？／発達障害と認知障害／「不安への防衛」という観点

第4章 承認不安を緩和し、心の病を癒す方法 123

承認不安シンドロームに解決法はあるのか？／現象学的視点による人間論／自由をとるか、承認をとるか／〝自由の条件〟としての自己了解／自己分析の方法／承認の回復と他者関係／承認不安シンドロームの治療法／サイコセラピーの実践／承認不安からの自由

Ⅲ 「認められたい」を認め合う社会 151

第5章 「認められたい」社会 153

多様化する自由な社会／近代社会のアイデンティティ／承認不安が生み出す差別といじめ／異質な存在への承認／「存在の承認」は自由の承認である／家庭と学校の影響／高齢化、病気、障害

第6章　自由に生きるための条件とケアの原理　177
治療論からケアの原理論へ／子育て・保育に必要な対応／育児の文化的差異／自由の感度を育む保育／学校教育に必要な対応／多様な考えや感受性を受容する／対話の学習がもたらすもの／普遍的視点の形成を促す／高齢者の承認不安／高齢者の心理的ケア／患者・障害者のケア／ケアの仕事と承認不安の緩和／誰が承認不安を緩和し得るのか？

終章　相互ケア社会の未来　219
承認不安を解消し、自由に生きる／心のケアの原理／心のケアは一般人でもできるのか？／相互ケア社会の構築／承認不安が生むいじめと差別／相互ケアの生み出す承認の充足／なぜ他人をケアするのか？／承認を超えたよろこび／価値あるものを求めて／多様な社会に潜む危険性／相互ケア社会の可能性

あとがき　252

はじめに——認められない「わたし」

†自意識が生む承認不安

他人からどう見られているのかが気になり、焦りと不安で頭が一杯になった経験はないでしょうか。その不安はどこからともなく忍び寄り、自分の内面に侵入してきます。頭からふり払い、追い払おうとしてもまったくできません。抵抗すればするほど、むしろ不安はどんどんふくれあがっていくのです。

私も若い頃、そんな状態に陥っていた時期がありました。誰かの視線が気になり、変に見られているんじゃないかと意識すればするほど、動悸は早くなり、汗がにじみ出るのです。自意識過剰と言われればそれまでですが、自分でもどうしようもありません。そんな自分が恥ずかしくて情けなく思えると、さらに不安は大きくなります。自分の緊張、不安を周囲にさとられまいと焦り、穴があったら入りたい、この場から消えてしまいたい、そう感じてしまうのです。

いったいこの過剰な自意識は、なぜこれほどの苦しみをもたらすのでしょうか？

「自意識過剰」というのは、文字通り「自分のことばかりに意識が向かう状態」であり、自分がどう見られているのか、という強い不安をともなっています。この不安は、自分が周囲の人たちに認められているのかどうか、受け入れられているのかどうか、といった承認に関する不安です。そのため、絶えずまわりの人の顔色をうかがい、空気を読み、批判されないよう、注意深く気をつけているのです。

一般的に、自意識過剰というと自信過剰な人を思い浮かべるかもしれません。確かにそのような人もいますが、それは「周囲からいつも見られている」という意識から、見られている自分、注目されている自分は特別な人間なんじゃないか、と思い込んでいるのであり、それが「自分は認められるべき存在だ」という根拠なき確信に変わるとやっかいです。

こうした自信過剰に見える人も、承認不安が強いからこそ、その不安を打ち消そうとして、自信のある優れた自己像に固執しているのかもしれません。本当に自信があるなら、周囲の評価を過剰に意識する必要はないし、自己防衛的な態度に執着しないはずですから。

しかし、自意識の強い人間はたいていの場合、なかなか自信を持つことができません。むしろ自己否定的な観念にとりつかれている人のほうが多いでしょう。自分が特別なように感じているとしても、それは悪い意味で特別だと感じているのであり、だからこそ、周囲の人々の反応に対して過敏になり、批判や軽蔑を過剰に怖れているのです。

†不安が生み出す被害妄想

不安から生まれた過剰な自意識は、ときとして被害妄想さえ生み出します。周囲の人たちの言葉の中に、自分への非難を感じ取り、「どうせ私が悪いんだろう」「みんなそう思っているんだろう」と、被害者意識を強めてしまうのです。

『聲の形』という大今良時の漫画をご存じでしょうか。映画にもなったので、知っている人も多いかもしれませんが、この漫画には自意識による承認の不安が巧みに描かれています。

主人公の石田将也は小学校時代、転校してきた聴覚障害の少女、西宮硝子をいじめる中心人物でした。耳の聞こえないことをからかい、他の同級生たちにも加担させ、ついに硝子の補聴器まで壊してしまうのです。

しかし、ある日を境に、将也は自分自身がクラスでいじめられる側になってしまいます。それまではクラスのリーダー的存在で人気も高かったのですが、毎日のように遊んでいた親友にも裏切られ、机に落書きをされたり、暴力をふるわれたり、悲惨な毎日が続きます。

中学に上がると、いじめはなくなるのですが、いじめっ子だったという噂が広まり、誰も友だちになってくれません。そして三年間、孤立したまま、どんどん人間不信に陥っていくのです。

高校生になった将也は、なかば人間関係にあきらめていますが、相変わらず周囲の反応を気にしています。クラスメイトのちょっとした身ぶりから、自分に対する否定的な思いを勝手に読み込んでしまい、〝ぼっちきも〟〝まじウザ〟〝あいつじゃま〟などと言われているように思えるのです。漫画は将也の主観を中心に描かれているので、実際に悪口が言われているかどうかはわかりません。おそらく全然関係のない話をしているのだと思いますが、将也には自分のことを悪く言われているとしか思えないのです。

そうした被害妄想的な自分への悪口が頭から離れず、たまらなくなったときは、〝俺はお前らの機嫌とるためにいるんじゃねーし！〟〝俺の方がお前らのこと嫌いだから！〟と心の中で叫んでみるのです。でもそんなことをしても、さらに虚しくなるだけで、自分のことが心底嫌いになってきます。

こうした一連の心の動きは、自意識の過剰から被害者意識が高まっていく様子を見事に描いていると思います。その表現も秀逸で、顔に×印をつけるという、漫画表現ならではの手法により、他人の顔をまともに見ることができない恐怖心、他人を理解できない苦悩

大今良時『聲の形(1)』（講談社、2013年、p.174-175）より

がひしひしと伝わってきます。また×印は、他人をどうでもいい存在、〝お前ら〟という無名の存在にすることで、こんな奴に否定されても平気だと、自分に言い聞かせたい気持ちを示しているのでしょう。

やがて将也は自殺まで考えるようになりますが、かつていじめた相手である硝子と再会し、少しずつ変わっていきます。友だちらしき仲間もできて、一緒に遊び、心の中で「友達っぽい！」と嬉しそうに語る将也の顔は、なんとも印象的で、やはり誰かに認めてほしい気持ちを失ってはいなかったのでしょう。

でも、長年にわたる過剰な自意識の呪縛からは、簡単には逃れられません。せっかく仲間ができても、いじめをしていた過去がばれてしまえば、すべて壊れてしまうという不安、焦燥感が拭えないのです。そのため、昔のことを告げ口されている、という被害妄想的な意識が生じ、仲間を傷つけるような暴言を吐いてしまいます。その結果、自ら友人関係を壊してしまうのです。

†空虚な承認ゲーム

誰でも思春期になると自意識が強くなり、周囲の評価を過剰に気にするようになるものです。そして場の空気を読み、相手の顔色をうかがい、批判されないように、軽蔑されないように、注意深く立ち回ろうとしはじめます。

特に学校という場所では、逃げ場のないせまい空間に閉じ込められて、いやでもクラス集団に属さなければなりません。だから居場所を確保するのも必死です。空気を読まない行動は嫌悪されるし、白い目で見られたり、ひそひそと悪い噂を立てられます。そんなことにでもなれば、教室は針のむしろと化すでしょう。そのため、同級生の思惑を読み間違えるわけにはいきません。顔色をうかがい、ちょっとした言葉、ふるまいにも注意を怠らず、微妙なずれを敏感に感じ取りながら、周囲に合わせ続けているのです。

このように、クラスで仲間と認められなければ悲惨な学校生活が待っている、という恐怖心が、クラスへの同調行動を促しています。本音を隠しながら、クラスで求められているキャラを演じ続け、自分のポジションを守っているのです。

これは一種の承認をめぐるゲームと言えるでしょう。それも、よい行動をしたり、勉強の成績やスポーツでの活躍などのように、価値のあることによって承認を獲得するゲームではありません。本来はなんの価値もない行動、ふるまいによって居場所を確保するための、閉じた集団の独特なルールや雰囲気に左右されるゲームなのです。

私はこれを〝空虚な承認ゲーム〟と呼んでいます。

学校における空虚な承認ゲームは、時として過酷なサバイバル・ゲームとなります。クラスの一員になった瞬間からゲームは開始され、周囲の人間関係、グループの構成を見て取り、誰が危険人物で、誰がボスキャラなのかを把握しなければなりません。そして、早々に戦略を練り、自分のキャラ、立ち位置をはっきりさせて、安定的なポジションを確保する必要があります。うかうかしていると、たちまちクラスの人間関係からはじかれ、孤立し、居場所を失ってしまいます。

当然ですが、誰もが要領よく行動できるわけではありません。とりあえずクラスでのポジションが定まっても、いつ居場所を失うか、不安を感じながら生活している子も多いでしょう。しかも、こうした不安は自意識の強い思春期の子には特にやっかいで、ちょっとしたきっかけで不安を増幅させてしまいます。不安になっている自分に気がつくと、不安な自分を周囲にさとられまいとするあまり、過度に自己に意識が集中し、不安が雪だるま式に大きくなっていくのです。

過剰な自意識は不安の大敵です。不安が多くなれば、冷静な判断ができなくなり、誤った対応になりやすいでしょう。相手の意図を汲みそこない、対応に失敗してしまった場合、異物を見るような眼差しに囲まれ、蛇ににらまれた蛙と同じで、絶体絶命のような気がしてくるのです。

このように、思春期の子どもの多くは、空虚な承認ゲームに無自覚のうちに参加し、不安を抱えた生活が日常となっています。自分の本音を抑えて周囲に同調し、偽りの自分を演じ続けていると、当然、自分の好きなことをする時間も、ありのままの自分でいる時間も少なくなります。すると自己不全感が強くなり、自由を感じられなくなるでしょう。

空虚な承認ゲームは不安を動機とした、自由を無駄に消費するゲームです。自ら望んだつもりはなくても、気がつけば参加させられていて、ゲームから降りることができるとしても、それは成功を目指すレールからの脱落を意味するように思えます。このため、まるで人生そのものがゲームセットになったように感じられるのです。

†終わらない同調行為

学校がつらくても、家庭で「ありのままの自分」が受け入れられ、ちゃんと認められているなら、本来の自分を見失わずにすみますし、一定の自由を感じることもできます。しかし親が必要以上に厳しかったり、期待や命令、要求ばかりが多すぎる状況では、親に愛され、認められるために、親の期待する人間を演じなければなりません。

家族が他にも問題を抱えていれば、気の休む暇さえないでしょう。夫婦関係が悪ければ、母親の慰め役になるかもしれないし、父親の機嫌を損ねないように「よい子」を演じたり、明るくふるまったりして、親を安心させようとするかもしれません。そうした役割、キャラに同一化することで、家族が崩壊しないようにふるまう子もいるのです。

家族のバランスを取ろうとする行動も、一種の空虚な承認ゲームと言えます。家族の平和を維持する行動を優先し、自分が本当にしたいことをがまんしていれば、自由はまったく感じられないし、毎日を乗り越えることだけで精一杯になります。そのうち、そのような行動だけが自分を認めてもらえる唯一の道のように思えてくるのです。

では、大人になり、社会に出た場合はどうなるのでしょうか？

社会を見渡してみると、大人の世界であっても、いたるところで空虚な承認ゲームが行われています。職場の人間関係に気をつかい、同僚や先輩社員に同調し、本音を出せない人のなんと多いことでしょうか……。

職場には利害の絡む上下関係があるため、同調圧力が働きやすい面もありますが、さほど上下関係のない職場でも、いつも周囲の顔色をうかがい、どうすれば批判されないか、そればかりを気にしている人は少なくありません。対等な大人同士の関係であっても、空虚な承認ゲームが行われることは珍しくないのです。幼稚園や小学校における母親同士の関係などでも、グループ化や同調行為が見られますし、マウントを取ろうとする母親もいます。

対等な関係であるはずなのに、同調圧力が働き、空虚な承認ゲームになってしまうのは、家庭や学校において自分を抑制し、同調行動を続けた結果という面もあります。子どもの頃から空虚な承認ゲームを続けてきたために、そうした承認不安に対する防衛的な行動様式が身につき、大人になっても承認不安を感じると、同じことを繰り返してしまうのです。

このように、世の中は承認不安が蔓延し、いたるところで空虚な承認ゲームが行われています。いったいなぜ、いまの社会はこれほど承認不安に満ちているのでしょうか？

†自由な社会と承認不安

現代社会は自由に生きることが可能な社会であり、生き方や価値観は個人の自由に委ねられています。それは、社会で共有された絶対的な価値観が存在しない、ということでもあります。

中世のヨーロッパならキリスト教社会ですから、教会の価値観が絶対的で、それ以外の価値観で生きることはできなかったでしょう。それは現代のイスラム教の社会でも共産主義の社会でも同じです。日本でも戦時中は、軍国主義的な価値観が絶対的でした。しかし、専制君主も独裁者もいない、宗教や政治的イデオロギーを強制されることもない現代の日本では、自らの生き方を選び、納得のいく人生を生きる権利があるのです。

しかし、社会共通の絶対的な価値観が存在しなければ、どのように行動すれば周囲に認められるのか、その行動の基準がよくわからなくなってしまいます。キリスト教の社会なら、聖書や教会の教えに従って行動し、生活していれば、誰もが認めてくれるでしょう。でも、そういった価値の基準がなければ、どうすれば認めてもらえるのかわかりません。自由に行動してもいいよ、と言われても、やはり周囲に認められるように行動し、評価されたいのが人間です。

認められるための行動の基準が見えなければ、強い不安に襲われます。それは、周囲の人々に批判されること、認められないことへの不安であり、強い承認不安が蔓延することになるのです。

認められるため基準を見失い、不安に駆られた人々の多くは、新しい基準を新興宗教や政治的イデオロギーのなかに求めたり、まわりの人々の言動をまねしたり、忖度したり、同調行動を繰り返すことで、周囲の承認を得ようとします。しかし、このような行為を繰り返していると、自分が本当はどうしたいのか、よくわからなくなってしまい、自分の意志で自由に行動することができなくなるのです。

自由な社会であるはずなのに、自由に行動できないとすれば、これは大変奇妙なことではないでしょうか。

近代以前であれば、日本であれ欧米の国々であれ、社会共通の価値観を誰もが信じていたので、その価値観に沿って行動すれば、周囲に認められることができたでしょうし、承認不安はあまりなかったと思います。でも、このような社会には個人の自由が存在しませんでした。生き方も考え方も、すべて共通の価値観に沿って決められていましたから、どのように行動すれば認められるのか、という迷いや不安はありませんが、自由を感じることもなかったのです。

それが近代になると、自由に生きる可能性が生まれてきました。フランス革命やアメリカ独立戦争などが起こり、民主主義の社会が次々に誕生し、自由に生きる権利が認められるようになったのです。それに加えて、科学と資本主義の発展によって生活は激変し、伝統的な価値観は徐々に影響力を失いました。やがて、世界規模で多様な価値観が出会うようになり、人々は自分なりの価値観で自由に生きたい、と感じるようになったのです。

しかし同時に、人間には他人に認められたいという欲望もあるため、自由に行動すれば周囲に認められないかもしれない、という承認不安も生まれました。そして価値観が多様化し、承認の基準が曖昧になったため、現在、この不安はますます強くなっています。

こうして人々は、承認をあきらめて自由に生きるべきか、自由をがまんして認められる行動をとるべきか、葛藤するようになりました。この「自由と承認の葛藤」こそ、現代を生きる私たちにとって、とても大きな課題となっているのです。

†自己の喪失と〝自分探し〟

自由な社会の到来は承認不安を招き、その結果、承認を得るために自由を自ら放棄する人々が増えたのですが、この点について、社会心理学者のエーリッヒ・フロムはナチズムに服従した人間の心理を分析し、現代人が自由を放棄するメカニズムを克明に描いて見せました。

伝統的権威がなくなったことで、私たちは自由に生きる権利を手にしましたが、自分の判断で自由に生きることは、責任と勇気が必要であり、孤独に耐え、自分の考え、価値観を信じることが必要になります。しかし多くの人は孤独を怖れ、他の人々と同じような行動、同じような生き方を選びます。本当の自分を押し殺し、他の人々と同じような価値観、生き方に身を委ねてしまうのです。

フロムは、「個人的な自己をすてて自動人形となり、周囲の何百万というほかの自動人形と同一となった人間は、もはや孤独や不安を感ずる必要はない」(『自由からの逃走』)と述べています。しかしそれは、孤独や不安から逃れた代償として、自由を手放すことでもあります。そして、自分が本当にしたいこと、自分の意志で決めるべき人生の道筋を見失ってしまうのです。

フロムはこれを「自己の喪失」と呼んでいます。

二十世紀において、伝統的宗教の拘束力は弱くなりましたが、その代りにファシズムや共産主義など、様々な思想やイデオロギーが台頭し、多くの人々がその価値観を信じ、知らず知らずのうちに従属したことを思い出してみてください。それは、生活の苦しさが直接的な動機とはいえ、承認不安ゆえに、認められる価値基準を渇望していたのも事実です。しかし、そうした価値基準に沿って行動していても、自分の思いや感情とのズレを感じ、自分の意志で行動している実感を失えば、「自動人形」のようになってしまいます。まさにそれこそ、「自己の喪失」と言えるでしょう。

現在の日本においても、「自己の喪失」は新たな形で起こっています。

戦後の社会状況をふりかえってみると、テクノロジーの進歩によって、ライフスタイル、世間の価値観も目まぐるしく変貌するようになりました。グローバル化によって、さまざまな国の人々との交流が進展し、テレビやインターネットをとおして、多様な価値観や生き方を見聞きするようにもなっています。価値観の多様化が急速に進展し、自分なりの価値観で生きるための条件が、本当の意味で整ってきたのです。

しかし、価値観が多様化すればするほど、他人と価値観を共有することが難しくなり、孤独を感じたり、承認不安に苦しむ人が増えています。誰もが認めてくれるような行動の基準、価値観が見えなくなり、どうすれば認められるのか、わからなくなってしまったからです。

こうしたことから、現代人は身近な人々の考え方や行動に同調することで、彼らに認められ、孤独や承認不安を解消しようとしはじめましたが、それで不安が解消されるわけではありません。なぜなら、身近な人々の考えを優先し、同調的な行動をとっていても、認められるだけの価値あることをしている、とは思えないからです。しかも、場の空気、中心人物の気まぐれな言動が支配しているため、まったく自由が感じられません。

相手の顔色をうかがい、いつも同調してばかりいれば、やがて強いストレス、自己不全感を抱くようになり、自分の本当の気持ちさえ見えなくなってしまいます。自分が「したい」と感じたことでも、周囲の評価や場の空気に配慮して、すぐさま打ち消してしまう癖がつくと、自分の感情に気づけなくなるのです。

自由に生きるためには、自分の「したい」ことを自覚し、それを求めて行動できなければなりません。自分の気持ちが見えなければ、自由を感じることはできないのです。

いま多くの若者が、自分が本当はどうしたいのか、どうすべきなのかに悩み、「本当の自分」を探し求めています。それは、本当の気持ちを見失い、「自己の喪失」に陥っているからです。また、自分を見失い、自己不全感が募ってくると、不安はますます大きくなり、さまざまな弊害をもたらすようになります。パニックになって適切な行動ができなくなったり、歪んだ思考や行為に支配されたり、頭痛や胃痛など、身体に異常が現れる場合もあるのです。

では、いったいどうすればこの強い承認不安を克服できるのでしょうか。承認を得るためには、自由を犠牲にするしかないのでしょうか？

†自由に生きると認められないのか？

本書のテーマは、この「認められたい」という不安に満ちた時代において、承認不安を克服し、自由に生きる道を見つけることにあります。自由と承認の葛藤を超えて、「自己の喪失」という闇から脱け出し、自分らしく生きるためには何が必要なのか、それを考えてみたいのです。

自由な社会に生きる人々の承認不安。その根源にある意味を探ろうとして、十年近く前、私は『「認められたい」の正体』という本を執筆しました。それは、現代社会において承認不安が高まっているのはなぜなのか、その謎を知りたかったからです。その後、私は「子育て」や「心の治療」に関する本を執筆しているうちに、承認不安について新たな視点が生じてきました。

子育ては子どもの幸せを目的としており、その本質は「自由に生きるための力」を子どもが身につけるようにすることです。自由がなければ自分の「したい」こともできません。それで幸せを感じるのは難しいでしょう。

しかし、自意識の強い人、承認不安の強い人間は、まわりの評価、他人の承認ばかりを気にしすぎて、自由に生きることができません。その背景には、価値観の多様化した社会状況のみならず、成長過程における親子関係、友だち関係など、さまざまな人間関係が関わっています。つまり、過去の人間関係の影響によって、自由に生きるための力が十分に形成されていないのです。

そこで本書の第Ⅰ部では、まず承認欲望の本質について現象学の観点から考察し、その後、心の発達プロセスを追いながら、なぜ自由と承認への欲望が生じるのか、そしてある種の人々には強い承認不安が生じるのかを、少し詳しく見ていきます。

その際、子どもの成長過程だけでなく、中高年層の承認不安についても考えたいと思います。なぜなら、承認不安が強くなるのは、自意識が強くなる思春期、青年期ですが、現代社会では価値観が急激に変化するため、大人になった後も承認不安が生じやすいからです。

第Ⅱ部では、承認不安によって不適切な行動や苦悩が生じるパターンについて、その仕組みを本質から考えたいと思います。

強い承認不安は焦りを生み、考え方や行動に歪みをもたらします。自分ひとりでは解決できないほど苦しくなれば、心の病に至るでしょう。そのメカニズムを解明し、承認不安を克服する方法、承認不安によって生じる歪んだ言動を修正する方法を提示します。鍵になるのは「不安」という概念です。不安の本質がわかれば、なぜ承認不安から心の病が生じるのか、その理由が理解できます。すると、対処法、治療の原理も見えてくるのです。

そして第Ⅲ部では、今後、どうすれば承認不安の少ない社会を実現できるのか、特に保育や教育、看護、介護など、広い意味でのケアの領域に焦点を当てて考えていきます。

グローバル化、高齢化が進み、多世代、多文化の人々が集う社会、立場や生活、考え方の異なる人間が集う社会では、お互いの価値観や生き方を認め合わなければ、安心して自由に生きることはできません。また、価値観がばらばらで、お互いのよさを認めあう機会が少なければ、承認不安を解消することも難しいと思います。特に子どもや高齢者、障害者の多くは、周囲の人の援助を必要とするため、強い承認不安を抱きやすい状況にあるのです。

では、高齢者、障害者、子ども、外国人など、異なる立場や境遇、価値観の人々が共生するためには何が必要なのか。誰もが過剰な承認不安に苦しむことなく、自由に生きられる社会を実現するにはどうすればよいのか。承認不安をめぐる考察をとおして、新たな共生社会の可能性を考えてみたいのです。

Ⅰ

「認められたい」欲望の正体

第1章　なぜ「認められたい」のか？――承認欲望の現象学

「存在の承認」と「行為の承認」

　私たちはみんな「誰かに認められたい」と思っていますが、このことに異存のある人は、ほとんどいないでしょう。「自分は認められなくても平気だ」と思う人もいるかもしれませんが、そのような人であっても、子どもの頃は「親に認められたい」と感じていたはずです。つまり、ある条件があれば平気になる場合もありますが、もともとは誰もが認められたいのです。

　でも、いったいなぜ人はそんなに「認められたい」のでしょうか？

　認められた経験を振り返ってみると、さまざまなことが思い出されるはずです。たとえば、幼い頃、母親が自分の悲しみ、悔しさを受けとめてくれたとき。部活で活躍してほめられたり、称賛されたとき。友だちを助けて感謝されたときや、おもしろい話をして、みんなが笑ってくれたとき……。いろんなことが思い浮かぶと思いますが、よく考えてみると、同じ認められた体験でも大きく二つに分けられることがわかります。

たとえば、勉強の成績がよかったり、仕事で成果を上げて周囲の人々に称賛されると、自分の力が認められた、評価してもらえた、という喜びが湧き上がってきます。一方、人間関係で悩み、苦しかったとき、親友が自分の気持ちによりそい、なぐさめてくれたときも、自分のことをわかってもらえたように感じ、嬉しくなるでしょう。この二つはどちらも認められた喜びですが、どこか承認の質がちがいますね。なにがちがうのでしょうか？

勉強やスポーツ、仕事の成績などで認めてくれる人たちは、その成績には価値がある、と思っています。だから成績がよいと称賛するわけです。困っている人を助けたり、みんなのために頑張った場合にも、感謝されて、その功績が称えられると思いますが、この場合も、そのような行為に価値がある、とみんなが思っているから、高く評価されるのです。

こうした行為を認める人たちは、みんなその行為に価値がある、と信じています。勉強ができることは偉いと思っているし、仕事ができるのは立派だと思っている。誰かを助けたり、みんなの役に立つことをした人に対しては、価値あることをしたなあ、と称賛し、尊敬の念さえわいてくるかもしれません。それもこれも、こうした行為の価値を認めているからなのです。

このように、ある行為の価値が評価されるような承認は、行為が承認の対象となっているので、とりあえず「行為の承認」と呼んでおくことにします。

一方、誰かになぐさめてもらった経験は、自分が相手に受け入れられていると感じるので、やはり「認められた」感じがするものです。これは行為の価値が評価されているわけではありません。同じように、誰かと話があい、共感してもらった場合でも、やはり自分が認めてもらえたような気がして嬉しくなります。特に行為で評価されなくても、趣味や考え方が近かったり、気が合うだけでも、相手の承認を感じることはできるのです。

そこには飾らない素の自分、「ありのままの自分」でいられる気楽さ、安心感がありますす。無理をしなくてもよい、相手に合わせなくてもよい、そういう自由の感覚があるのです。それは「行為の承認」とはちがって、特に価値のある行為は必要ないし、自分という存在そのものが受け入れられたように感じるため、「存在の承認」と呼ぶことができるでしょう。

このように、私たちが「認められたい」欲望を満たす場合、認められるのが自分の行為なのか、それとも自分の存在なのかによって、二つに分けることができます。それが「行為の承認」と「存在の承認」なのです。

†承認欲望の現象学

「存在の承認」と「行為の承認」が区別できることを、私は自分の経験に基づいて内省し、その意味するところを深く掘り下げることで取り出しました。この考え方は、現象学という思考方法にもとづいています。

現象学は哲学者のフッサールが創始した考え方であり、先入観を捨てて意識を反省することにより、本質を明らかにする思考法です。本質とは、誰もが納得し、共通して了解し得る意味のことで、自由、嫉妬、不安、正義、悪、勇気など、さまざまな概念の本質を洞察し、解明することができます。

たとえば「正義」の本質とは、「正義とは何か」という問いに対する答えを意味しますが、答えとなるべき正義の意味は、自分だけでなく、誰にとっても納得できるような、共通了解、合意が可能な意味でなければ、本質とは言えません。

そこで、まず自分が正義だと感じた経験を思い出し、その共通点を考えます。そして、自分なりに直観している正義の意味を見出すのです。次に、この私にとっての意味が他の人々も納得するような意味かどうか、共通了解が可能な意味かどうかを吟味しなければなりません。さまざまな立場の人の身になって考え、多くの人が納得できるような答え

（「正義とは○○である」）が見つかれば、それが正義の本質ということになるのです。

本質という言葉には、絶対に正しい答え、真理、というイメージがあるかもしれません。そのため、「絶対に正しいとは言えないのではないか」とか、「真理など存在しないし、正義も人それぞれだ」といった反論をしたくなる人もいると思います。しかし、本質とは不変の真理を意味するものではなく、当面、大勢の人々が十分に納得し、合意し得るような意味のことであり、多くの人が共通して了解できたとしても、さらに説得力のある答えが見出されれば、修正される必要があるのです。

こうした現象学の思考法は、承認欲望の本質を明らかにする上でも役立ちます。

私はまず、自分が「認められた」と感じた経験を思い出しながら、その共通点を考えていきました。すると、先にも述べたように、承認を感じた経験が大きく二つに分けられることに気づきました。それは、いろんな立場の人間の身になって考えても、また本やテレビで知った多様な承認の体験を吟味してみても同じでした。そのため、この区分には普遍性がある、と確信したのです。そこで私は、この二つのタイプの承認に、「存在の承認」と「行為の承認」と名づけました。

しかし、ここまでの考察は、まだ「承認欲望」の本質を考察するための第一歩にすぎません。これだけでは、まだ「なぜ人は認められたいのか」もわかりませんし、そこにはどんな本質があるのかも解明できていないからです。

そこで、以下、同じ方法でさらなる考察を進めてみることにしましょう。

†承認する三つの他者

承認の経験は「何が承認されたのか」によって、「存在の承認」と「行為の承認」に分けられると述べました。一方、「誰に承認されたのか」という観点からすれば、家族や親友、学校や職場の仲間、世間一般の人など、さまざまな対象が思い浮かびます。しかも、それぞれ承認の質も異なるように思えるのです。

そこで、親密で信頼できる人に認められる場合を「親和的承認」、自分が所属する集団の人に認められる場合を「集団的承認」、見知らぬ一般の人々から認められる場合を「一般的承認」と呼び、区別しておくことにしましょう。

家族や親友、恋人といった人々は、そこに愛と信頼があるかぎり、「ありのままの自分」を受け入れてくれる存在です。特に優れた行為をしなくても、ただ存在するだけで喜んでくれるので、それは無条件の承認でもあります。失敗しても共感し、なぐさめてくれる。それが愛情に満ちた承認、すなわち「親和的承認」なのです。

これは相手の存在そのものを無条件に認めるため、「存在の承認」でもあります。

広い意味で「存在の承認」について考えると、見知らぬ人に対しても、彼の権利、生き方、価値観の自由を認めるような、人権の承認を含んでいることがわかります。自分のことを生まれや見た目、生活、貧富、能力、信仰、障害、国籍などで差別せず、その存在をありのままに受け入れてくれる人がいれば、それは基本的な「存在の承認」が与えられたことになるからです。

これに対して親和的承認は、相手の気持ちを受け入れ、共感を示すことで「存在の承認」を感じさせます。親和的承認は共感的な承認であり、愛情に基づいているため、それは愛に支えられた「存在の承認」なのです。

一方、学校のクラスや部活の仲間、職場の同僚、趣味のサークル、宗教団体など、自分が所属する集団の人々は、自分がその集団における役割をこなし、貢献するなど、その集団の価値観にそった行動をしているかぎりは評価し、認めてくれるでしょう。これが「集団的承認」です。

集団的承認は、その集団にとって価値のある行為が承認の条件ですから、基本的には「行為の承認」です。たとえば学校の吹奏楽部でよい演奏をしたり、仲間のために練習の準備をしていれば、仲間から評価され、承認されるにちがいありません。職場で同僚に協力したり、仕事でよい成果を上げた場合にも同じことが言えます。これは集団の中での行為の価値が評価されているのです。

集団に貢献しなくても、集団の価値観に合致しているだけで認められる場合もあります。趣味の共通する集団では、その趣味に関する知識や技能が優れていれば、それだけで称賛され、認められるでしょう。これは行為への評価というより、能力への評価と言ったほうが適切なようにも思えますが、能力は価値ある行為を生みますし、その能力が努力という行為によって培われたものならば、やはり「行為の承認」と言ってよいかもしれません。

このように、親和的承認の内実は「存在の承認」であり、集団的承認の内実は「行為の承認」ですが、親密な関係にある人が成績をほめてくれた場合は「行為の承認」であり、所属集団の仲間が失敗を慰めてくれた場合、それは「存在の承認」を与えていることになりますから、この点ははっきり区分できない面もあるのです。

私たちの日常で承認を与えてくれるのは、たいていの場合、家族や友人、学校の仲間や職場の同僚なのですが、これらはお互いに補い合う関係にあります。

たとえば、職場や学校で失敗したり、よい成績、パフォーマンスができず、集団的承認が獲得できなくとも、愛する家族や親友、恋人がなぐさめ、そばにいて話を聞いてくれさえすれば、親和的承認を得ることはできるでしょう。逆に、親の期待や要求の水準が高すぎて、「ありのままの自分」を受け入れてくれない場合でも、必死で勉強するなど、がんばって努力すれば、親にもなんとか認められるし、周囲の人々からも称賛を得ることができます。

親和的承認は集団的承認の失敗や不足をおぎない、「行為の承認」は「存在の承認」の欠落した穴を埋めてくれます。種類の異なる承認は、互いに補い合う相互補完的関係にあるのです。

†一般の人々の承認

ところで、私たちに承認を与えているのは、なにも家族や友人、所属集団の仲間だけではありません。身近な知り合いではない、見知らぬ一般の人々から認められることもあるはずです。

たとえば、スポーツ選手の活躍、俳優の演技、作家の作品など、優秀な行為によって多くの観客、視聴者、読者をうならせ、感動を呼び、称賛をもたらす場合を考えてみて下さい。この場合、価値ある行為を認められているので、「行為の承認」であることはまちがいありません。しかし、認めている人々は、自分の所属する集団をはるかに超えた、見知らぬ人々です。

もちろん、そういった見知らぬ人々であっても、一定の価値観を共有しているという意味では、自分の属する大きな集団だと考えることもできますし、こうした世間の評判、承認も、集団的承認と言えなくありません。

俳優として多くの人々に評価された場合でも、演劇や映画が好きな人々の集団における承認（集団的承認）と言えますし、漫画家として人気がある場合でも、漫画好きな人々の集団における集団的承認と言うこともできます。そこには、専門家による厳しい評価もあれば、一般の人々のゆるい評価もあり、一概に同じ基準で評価されるわけではありませんが、それらの行為や作品に関心を抱いている点では、共通した価値観をもっている集団なのです。

では、頭がいいことへの評価はどうでしょうか？

有名な大学に入り、一流の企業に就職したり、事業に成功した場合、世間の評価は当然高いでしょう。この評価は、生き方や考え方、趣味の異なる人々の間でも、あまり変わらないような気がします。漫画好きだろうと、アスリートだろうと、程度の差はあれ、たいていの人は勉強ができること、優秀であることを「すごい」と評価します。これは身近な所属集団を超えた、世の中にいる一般の人々の承認であり、広く共有された価値観にもとづいているわけです。

また、道端で困っている高齢者を見かけ、手助けをすれば相手は感謝するでしょうし、

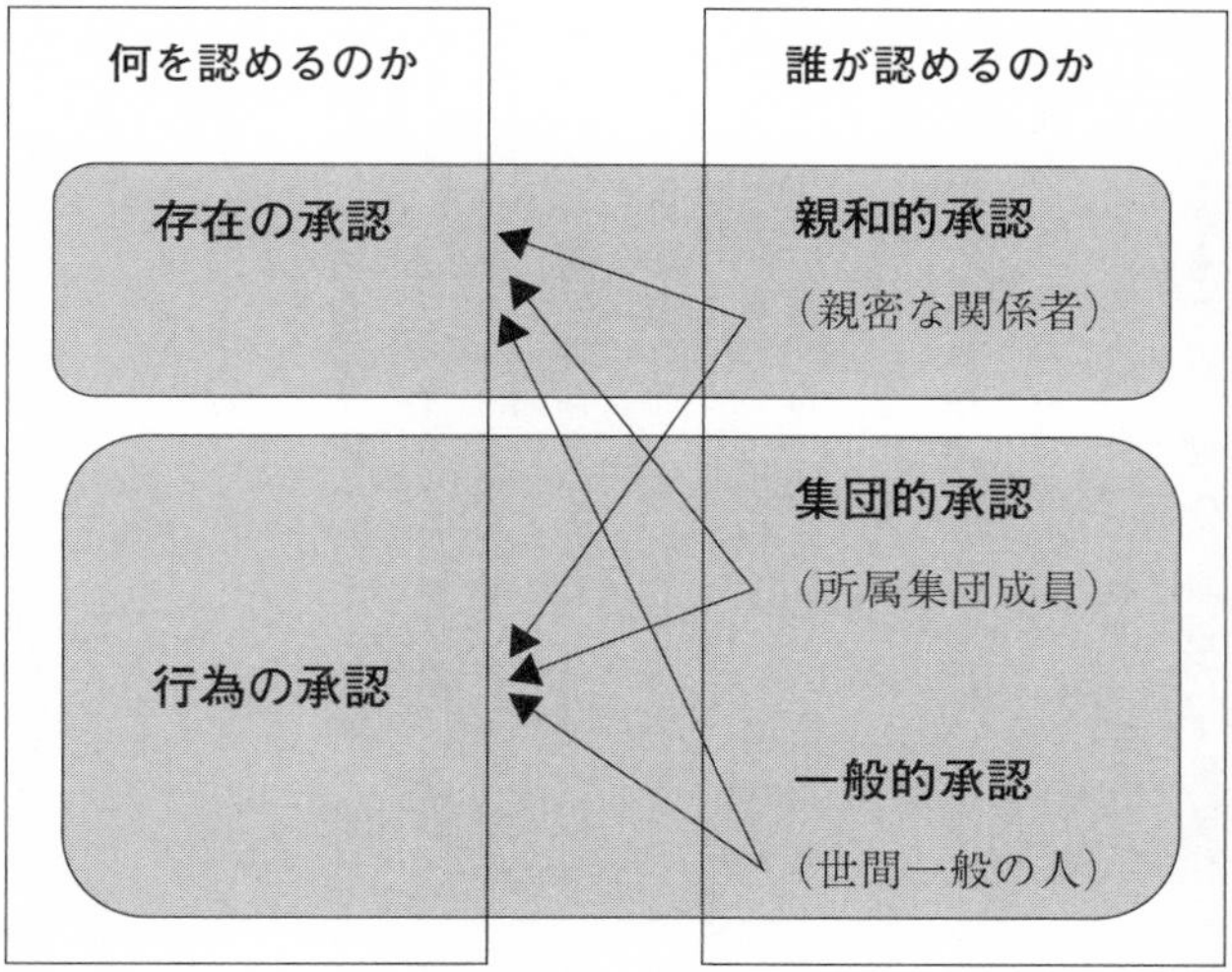

承認の内容と対象による区分

親密な関係者が「行為の承認」を与えることもあり、所属集団や世間の人々が「存在の承認」を与える場合（お互いの価値観、人権を認め合う場合）もある

それがニュースにでもなれば、見知らぬ大勢の人たちから賞賛を得るでしょう。これも社会全体が他人を助ける行為に高い価値を置いているからこそ、見知らぬ多くの人々にも認められるのです。

このように、世間の評判や社会的な承認は、一般の人々が共有する社会全体の価値観にもとづいています。それは巨大な集団における集団的承認とも言えますが、世の中一般の見知らぬ人々の承認なので、とりあえず「一般的承認」と呼んで区別しておくことにしましょう。つまり、「行為の承認」には集団的承認と一般的承認の二つがあるのです。

†ネット上の見知らぬ人々

一般的承認を与えるのは見知らぬ一般の人々なので、直接的に認められることはあまりないと思います。有名人であれば、新聞やテレビ、雑誌などのマスメディアをとおして、世間の評判、一般的承認を得ることもできますが、たいていの人は、近所のうわさなどに基づいて世間の評判を想像し、承認の程度を推し量るぐらいしかできません。この場合は想像上の承認なので一種の自己承認とも言えます。

とはいえ、近年ではインターネットの普及によって、自分の行為への一般的な評価を直接受ける場が飛躍的に拡大しています。ネットの掲示板やブログで「いいね！」がつけば、認められた感じがしますし、フェイスブックやツイッターなどのSNSによって見知らぬ人々と交流し、お互いの考えや行為、作品などを認め合ったり、批判し合ったりすることもできるようになりました。

こうした状況は、身近な集団を超えて承認を得る可能性がある、という意味では歓迎すべきことかもしれません。身近な人間関係の中で承認されない場合でも、ネットの世界で承認を得ることができれば、多くの人にとって救いになるでしょう。

しかし、評価される対象が多いということは、批判される可能性も大きいということです。しかも価値観の多様化している現代では、一方で承認されても、他方では批判される、という事態になりやすいのも事実です。また、見知らぬ人々の中には自分の考えを一方的に押し付ける人、根拠のない批判を繰り返す人も少なくありません。そのため、見知らぬ人々の反応に一喜一憂し、承認不安にふりまわされている人も少なくないのです。

したがって、ネット上の承認に過剰に頼るよりも、自己承認の可能性を考えておく必要があると思います。

†自己承認の力

自己承認には、自分の行為を評価するための物差し、基準が必要になります。特定の価値観を物差しにする場合もありますが、多くの人が依拠しているのは、世間一般の価値観、社会的常識、といったものでしょう。

私たちは成長するにつれて、社会一般の価値基準を理解するようになります。価値観が多様化しているため強固な価値観は存在しませんが、一定の共有された価値基準は当然あります。そして、この価値基準にもとづいて自分の行為を評価し、それが世の中一般の人々に認められるだけの価値ある行為かどうか、自分で判断できるようになるのです。

このような自己承認はときとして大変役立ちます。

たとえば、学校でクラスの子たちが障害のある子に対して揶揄するようなことを言っていたとします。このとき承認不安があれば、仲間はずれになる可能性を案じ、仲間の言動に同調してしまう子は少なくないでしょう。

しかし、社会一般の価値基準を理解していれば、「障害者を馬鹿にしてはいけない」と思うはずです。そして、表立って反抗できないとしても、同調せず、自分なりに正しさを貫くことができるでしょう。なぜなら、クラスの仲間の承認が得られなくても、自分の判断のほうが正しいと確信できれば、自分の行為を肯定できるからです。

このように、自分が属する集団において承認の不安があっても、社会の中で共有されている価値観（特に善悪に関わる道徳的な価値基準）を理解していれば、自己承認によって乗り越えられる可能性があります。

小さな集団の価値観は、閉鎖的で偏っている可能性があり、しかもその集団の実力者の個人的な意向によって左右されやすいのですが、社会で共有された価値基準を知っていれば、自分が属する集団の偏った考えや行動を相対化し、過ちに気づくことができるのです。

もちろん、承認不安が強ければ、このズレが葛藤を生み、かえって苦しくなるかもしれません。自分が属する集団の考えと世の中の常識が対立し、二つの価値観、考え方の間で引き裂かれる思いがするでしょう。それでも、世の中の常識から自分の取るべき行動の価値を強く確信して自己承認することができれば、所属集団の行為に同調する必要はありません。集団的承認の不安に対して過度に怯えることはないのです。

ここにも、承認の相互補完が成り立っています。

先ほども言いましたが、学校や職場で評価されなくても、家族が慰め、気持ちを受けとめてくれれば、心は落ち着きます。しかし、家族が忙しかったり、厳しかったりして、ちゃんと話を聞いてくれない、気持ちを受けとめてくれないとしたら、つまり集団的承認も親和的承認も得られなかったとしたら、もはや自己承認するしかありません。

誰も「あなたは大丈夫」と言ってくれなくても、「わたしは大丈夫」と自分で思えれば、とりあえずはなんとかなるでしょう。社会一般の常識を理解しておけば、自分が一般的承認に値するかどうかを判断し、自己承認をすることができるのです。

†普遍的視点からの自己承認

社会一般の人々の承認を想定し、常識的な観点から自己承認する人は少なくありません。おそらく、よほど偏った価値観の家庭、学級、サークル、職場の強い影響下になければ、誰もが世間の目を意識し、社会的な常識を無視することはできないと思います。この自己承認ができるからこそ、所属集団における承認不安を切り抜けることもできるのです。

しかし、世の中の常識には世間の価値観も含まれており、そこには不合理な考え方もあります。世間の価値観は大勢の人が共有しているといっても、普遍的なものではありませんし、時代に左右されやすく、根拠の薄い考え方も含んでいるのです。それは社会全体の価値観ではなく、マジョリティの価値観なので、マイノリティの価値観は排除されやすい傾向にあります。

戦前は軍国主義的な価値観が支配的でしたから、世間の価値観も「お国のために戦うのは正しい生き方」であり、「天皇陛下のために死ねるのは光栄なこと」でした。当時はこうした考え方が当然で常識でしたから、この価値観に反する少数の人々の行動は批判され、周囲から承認されなかったのです。そう考えると、世間の価値観の危うさがわかるでしょう。

いまの時代は価値観が多様化しているので、そこまで強い影響力はありませんが、それでも多くの人が共有している世間の価値観の影響力はあなどれません。

たとえば「学歴が一番大事だ」という考え方は、わりと多くの人が持っています。もちろん表立ってそう主張する人は少ないし、「学歴なんかより性格のほうが大事だ」と言っている人のほうが多いかもしれません。しかし、学歴がその後の人生を大きく左右し、社会的に成功するかどうかも学歴次第で決まることが多いので、性格のほうが大事だと思っている人でさえ、学歴を重視せざるを得ません。それどころか、「勝ち組、負け組」という世間的価値に踊らされ、どの学校を出たかで人間の価値が決まる、と思っている人は案外多いのです。

こうした世間の価値観を親が過度に強調して、「いい学校を出なければ負け組だぞ！」というようなことばかり言っていると、子どもは学歴で人を判断するようになるかもしれないし、「頭の悪い人間には価値がない」という歪んだ価値観を持ってしまうかもしれません。

このように、世間の価値観を盲目的に信じてしまうと、世間の目を気にしすぎて、過度な承認不安を抱くようになったり、まちがった方向で自己承認するようになり、かえって自分や他人を苦しめる場合もあります。世間の価値観は知っておくと役立つ面もありますが、本当に正しいかどうか、納得できるかどうかは、自分で吟味してみる必要があるのです。

したがって、世間の価値観を絶対視したりせず、さまざまな立場の人や考え方、価値観を考慮し、多様な観点から行為の価値を考えなければなりません。異なる価値観の人々を想像し、そうした人たちの身になって考えてみるのです。

このとき思い描かれている人々は、趣味も特技も違えば、社会的地位や文化も違う人々であり、そうしたさまざまな人々を想像した上で、彼らが共通して認めるかどうかを吟味し、誰もが認めるはずだと確信できれば、その行為は価値あるものだと信じられるでしょう。価値観は異なっていても、この行為に関しては誰もが認めざるを得ないと思えれば、自己承認できるのです。

このような、多様な人々の立場や価値観を思い描き、彼らの身になって考えられるような観点のことを、以後、「普遍的視点」と呼ぶことにしましょう。

「普遍」と言っても、絶対に正しい視点、ということではありません。あくまで、多様な考えや価値観から共通了解できる判断を導き出そうとする視点です。普遍的視点から公平に自分の行為を吟味し、その上で自己承認できることが一番望ましいのです。それができれば、世間の価値観にふりまわされることもありませんし、自分なりの判断による自己承認であるため、自分の意志で自由に生きている、と感じることもできるでしょう。

こうした普遍的視点による自己承認のことを、以後、「普遍的自己承認」と呼びたいと思います。それは絶対に正しい自己承認ということではありません。公平な視点で自分を見つめた結果としての自己承認なのです。

＊前著『「認められたい」の正体』では、こうした普遍的自己承認を「一般的承認」、多様な観点を想定できる普遍的視点のことを「一般的他者の視点」と呼んでいましたが、一般的他者のことを世間一般の人々だと考え、一般的承認を世間的な承認と混同する人が多かったので、本書では名称を変更しています。

†価値観の多様化と承認不安

普遍的視点から行為の価値を考えると言っても、誰もがそのような視点を持っているわけではありません。

たいていの人は自分が属する集団の価値観や行動に疑問を感じた場合でも、社会的な常識や世間の価値観から行為の価値を判断し、自己承認もしています。また、世間の価値観ではなくても、何らかの価値観を信じていれば、そこから自己承認することはできるのです。

たとえば、ある宗教を信じていれば、その宗教の価値観にそって行動するかぎり、自分は正しいことをしている、価値のある生き方をしている、と信じられるでしょう。周囲の人が認めてくれなくても、神の意に沿った行動だと確信できれば自己承認できますし、これは共産主義を信じて行動する場合も、ファシズムを信じて行動する場合も同じです。

このように特定の価値観に依拠した自己承認は、必ず価値評価の確たる基準、規範を持っているので「規範的自己承認」と呼ぶことができます。

しかし、特定の価値観を絶対視する人は、異なる価値観の人を否定し、排除しようとする傾向があります。差別、迫害、紛争など、私たちは二十世紀をとおして、その悲惨な結末を何度も目にしてきましたので、絶対に正しい価値観など存在しない、特定の価値観への妄信は排他的になりやすい、という教訓を得ています。現在では、自分とは異なる価値観の人々を差別したり危害を加えてしまうのは許されないことだ、と多くの人が考えているのです。

いまの日本社会においても、伝統的な価値観が崩壊した後、価値観の多様化が進んでいます。グローバル化によって異文化の人々との交流が盛んになり、さまざまな価値観に触れる機会が増えましたし、テクノロジーの発展によって、ライフスタイルもめまぐるしく変化し、一時的に特定の価値観が流行してもすぐに廃れ、新しい価値観が次々に登場するようになりました。

こうした状況においては、世間の価値観もどんどん移り変わるのでうさんくささを感じている人は少なくありません。それでも、当面、世間の価値観に沿って行動すれば、その時点では世間の承認を得られるし、規範的自己承認もできるので、無視することができないのです。しかし、自分の考えと世間の価値観の間にズレを感じる場合も多く、そうなるとどんどん苦しくなってきます。世間が敵のように思えたり、自分の自由を抑圧するものに感じられるのです。

したがって、やはり多様な価値観に対する寛容な態度、多様な観点から判断する力が必要だと思います。こうした普遍的視点をもっていれば、所属集団や世間の価値観にのみこまれず、自分なりに行為の価値を判断し、普遍的自己承認をすることができるのです。

価値観が多様なのに、普遍的な価値判断、普遍的自己承認などできるのか、という疑問を抱く人もいると思います。価値観は多様なままのほうが自由だし、普遍的に正しい判断など存在しない、という意見もあるでしょう。

なるほど、どんな趣味や価値観、生き方をしようと自由ですが、他人に危害を与えるような行為は誰でも許さないと思います。それを許してしまえば、個人が自分なりの価値観で自由に生きることなどできません。これは民主主義の根幹にかかわる問題です。他人を傷つけるのは悪いことだし、他人を助けるのはよいことだと誰もが思います。そこには価値観の異なる人同士でも共通了解できるような、普遍的な価値判断が成り立つのです。

このように、善悪の問題に関しては、誰もが納得するような判断、合意が成り立ちやすいと言えます。そうでなければ、お互いの自由を守るためにルールがあること自体、無意味ということになるでしょう。普遍的視点からの価値判断はさまざまな領域で成り立ちますが、特に善悪の問題においては共通了解が成立しやすく、そこに普遍的自己承認も生じ得るのです。

ただ、誰もが普遍的視点で物事を考えられるわけではありません。特定の価値観を絶対化して信じている人、自分とは異なる価値観を軽視している人は、このような視点で考えることは難しいでしょう。また、周囲の考えや価値観に同調しやすい人も難しいと思います。後で詳しく説明しますが、この視点を持つには一定の条件が必要なのです。

†認められたいのはなぜか?

さて、これまでの考察を整理すると、まず、ありのままの存在が認められる「存在の承認」は、最初、親の親和的承認(愛情に基づく無条件の承認)として経験され、この経験が後に、人種や民族、生まれ、見た目、能力によって差別することのない人権の承認、見知らぬ人々に対する「存在の承認」の感度を育みます。

「行為の承認」も親の賞賛が最初の経験ですが、それは周囲の人々の称賛、集団的承認(所属集団における仲間の承認)への欲望に発展し、やがて見知らぬ人々を含んだ世間や社会の承認(一般的承認)をも求めるようになるのです。

一方、誰かに承認されるわけでもなく、自分自身で自分を承認する「自己承認」というのもあります。これも特定の価値観に基づく「規範的自己承認」と、普遍的視点による「普遍的自己承認」に分けられました。実はもう一つ、自分勝手に自己承認するパターンもあるのですが、これについては後で説明します。

すでに述べたように、それぞれの承認は、お互いに補い合う関係にあります。親の親和的承認が得られなければ、がんばって「行為の承認」を得ようとしたり、自分の属する集団の役割をこなして、みんなに認められようとするでしょう。また、がんばっても認められない場合は、自己承認によって不安を緩和することも少なくありません。

ただ、こうした相互補完は承認の質が違うので、完全には補えない面もあります。集団的承認が得られても、親和的承認がなければ十分な満足は得られませんし、自己承認できても、やはり誰かに承認されたいものなのです。

心理学者のマズローは人間の欲求を五段階に分け、それぞれ優先順位があると言っています。生理的欲求や安全性の欲求が優先され、それが満たされると、愛と所属の欲求が生まれ、これも満たされると、承認への欲求、自己実現への欲求、と続くのです。つまり、愛が満たされなければ、承認への欲求は出てきませんし、承認への欲求が満たされなければ、自己実現への欲求は出てこない、ということになります。「愛の欲求は承認の欲求よりも強く、そして承認の欲求は、我々が自己実現の欲求と呼んでいる独自性欲求よりも強い」(『人間性の心理学』)のです。

この理論は日常における私たちの感覚からみても、一定の説得力があると思います。私たちは多くの人々の承認よりも、愛を優先することがあります。そう考えると、愛情を基盤とする親和的承認が、集団的承認より優先されるのは当然であり、どんなにがんばって周囲に認められても、愛情に基づく親和的承認がなければ寂しいものです。また、自己実現の欲求は、自分の力を発揮し、可能性を広げたい欲求ですが、これもやはり、誰かに承認される自分があってこそ、自信をもって行動できるし、そうした自分を自己承認できる場合が多いでしょう。

いずれにしても、人間にとって承認がきわめて重要であることに変わりありません。では、いったいなぜそれほどまでに認められたいのでしょうか?

これは承認されたときの感情について考えてみればわかります。誰かに認められたとき、私たちは安心感、よろこび、充実感を抱くでしょう。それは「自分には認められるだけの価値がある」というよろこび、安心感であり、充足感です。これこそ、私たちが「認められたい」理由なのです。

自分の存在価値のことを自己価値と呼ぶなら、まさに自己価値を確信したいからこそ、人は承認を求めているのです。

親和的承認への欲望は、あるがままの自分の存在そのものに価値があることを認めてほしいのであり、集団的承認への欲望では、自分の行為や能力による成果への評価をとおして、自分が役立つこと、価値のある存在であることを認めてほしいのです。自己承認も自分の価値を確信したい思いが根底にあります。

私たちは、自分に存在価値がなければ、生きている意味を感じられません。他者の承認をとおして、自分の価値を確信し、「生きる意味」を見出すこと、これこそが「認められたい」という人間的欲望の中心にあるものなのです。

†自由と承認は両立するのか?

人は誰もが「生きる意味」を見出すために、自分に価値があることを確かめようとします。しかし、いまの社会では価値観が多様化し、何を基準にして行為の価値をはかればよいのかわかりません。多くの人が共有している世間の価値観もありますが、時代によって移り変わりやすく、流行に左右されますし、しばしば不合理で無根拠な考え方も含んでいます。

このため、世間の価値観から自己承認ができても、あまり強い確信が持てません。自分の行為に価値があるかどうか、やはり他人に確かめてみたくなるのです。ここに、現代が承認不安の時代であること、誰もが承認を求めることの理由があると言えるでしょう。

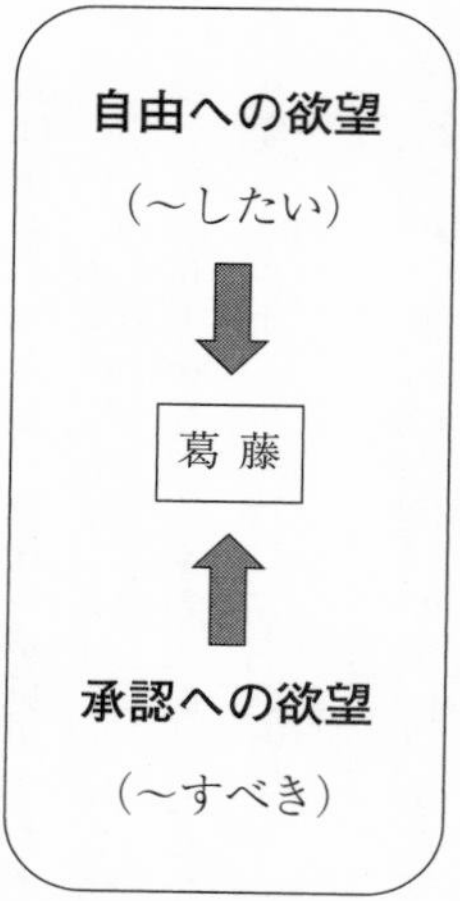

自由と承認の葛藤

一方で、人間は自由を求めています。誰にも束縛されず、自分の行動を自分で決めること。決められたレールの上を歩むのではなく、自分の意志で人生を切り開くこと。そうした自由な生を誰もが望んでいるのです。しかし、私たちは周囲の人たちに認められるために、しばしば自分の感情を抑え、自分の思いを握りつぶし、自由をあきらめてしまいます。自由と承認の間で葛藤し、自由を放棄して承認を選んでしまうのです。

近代以降、私たちは少しずつ自由な社会を築き上げ、個人が自分の意志で、自由に生きられるように、さまざまな社会的条件を整えてきました。しかし、せっかく自由に生きられるようになったにもかかわらず、社会には承認不安が蔓延し、周囲に認められるために、自由を手放してしまう人が後を絶たないという、何とも皮肉な状況にあるのです。

このような状況に対して、やはり人間は認められることを求めているのだから、自由よりも承認の基盤となる統一的な価値観こそ必要だ、という主張をする人もいます。逆に、他人の評価、承認にこだわらず、自由に生きるべきだ、と主張する人もいます。共同体の価値を重視する共同体主義者と個人の自由を重視する自由主義者の対立は、この承認と自由の対立を典型的に示しているのです。

承認を優先すべきなのか、それとも自由を優先すべきなのか、いったいどちらを優先した社会がよいのでしょうか。いや、そもそもこれは、自由と承認のどちらかを優先しなければいけないのでしょうか？

私たちは日常生活の中で、しばしば自由と承認の葛藤を経験しています。遊びたいと思っても、勉強しなければ親に叱られ、認めてもらえないかもしれない。怒りを感じた場合でも、相手や周囲との関係を考え、がまんしてしまうこともあるでしょう。このことから、承認を得るためには、自由をあきらめざるを得ない、そう思っている人が多いと思います。

しかし、人間は自由を感じられなければ、しあわせを感じることはできません。少なくとも、自由に生きる可能性のある現代社会では、誰だって自由でありたいと思うはずです。そうでなければ、承認を得るために周囲の人に同調し、他人に合わせ続けている人が、強いストレスを感じたり、自己不全感に苦しむはずはありません。

したがって、いかに承認されたいとしても自由を捨てることはできません。では、自由でありながらも、自分の価値を認めてもらえる方法、自由と承認が両立する道はあるのでしょうか？

以下、この謎を解くために、心の発達に目を向けてみることにしましょう。自由への欲望、承認への欲望がどのように生まれ、どのようなかたちで展開していくのか、幼児期から思春期、青年期へと、人間の心の発達をたどりながら確かめてみるのです。

心の発達に沿って、親和的承認から集団的承認へ、そして自己承認にいたるプロセスを考察することで、私たちはより深く、承認欲望、承認不安の本質を理解することができるでしょう。

存在への無条件の承認――幼児期の心

まず、赤ちゃんのことを考えてみましょう。

生まれたばかりの赤ちゃんは、母親に抱きしめられ、世話をされ、無条件の愛を注がれています。特に何ができるわけでもないし、むしろ何もできないので、親は懸命に世話をし続けています。それは、赤ちゃんが「ただそこにいるだけで価値のある存在」と見なされているからです。これこそ人間が最初に経験する承認であり、愛情にもとづいた親和的承認なのです。

親和的承認は、自分の気持ちが相手に理解されたとき、相手が共感的に対応してくれたときに感じられます。自分の感情は本音を示しているので、その感情を受け入れられ、共感されると、あるがままの自分が受け入れられた、と感じられるからです。それは、存在そのものが受容されたよろこびであり、原初的な「存在の承認」の体験でもあるのです。

もちろん、生まれたばかりの赤ちゃんはまだ自分を意識できないので、認められているという感覚はありません。認められるよろこびは認められる自己が意識されてこそ感じられるはずですから、自己像の形成されていない段階では承認欲望もないし、認められることの充足感もないのです。それどころか、自分の感情さえわかってはいないでしょう。

しかし、母親は赤ちゃんに対して、まるで赤ちゃんの感情や意志を理解しているかのように共感的に反応し、言葉がわかるかのように話しかけます。この共感的な対応によって、赤ちゃんは自らの感情を理解し、自己を意識しはじめるのです。

たとえば、母親の姿が見えずに泣き叫ぶ赤ちゃんは、自分の不快な気分が「寂しさ」であることを知りません。漠然とした不快感はあっても、その原因はわからないのです。しかし母親が戻ってきて、「ごめんね、寂しかったね」と駆け寄り、愛情をこめて抱きしめたとしたら、どうなるでしょうか。このとき、母親は赤ちゃんの気持ちに共感し、まるで自分のことのように寂しさを感じているでしょう。その感情は赤ちゃんにも感じ取られ、より明確になってきます。しかも、母親がその感情を「寂しい」という言葉で表現したことで、漠然とした不快感の正体が徐々にわかってくるのです。

このような経験が繰り返されることで、赤ちゃんは成長するにしたがって、ある種の不快な感情が「寂しさ」であることを理解し、自覚できるようになっていきます。そうなれば、母親がいなくて寂しい気持ちが生じたときでも、漠然とした不快感から泣き叫ぶのではなく、寂しさを自覚し、寂しさを訴えるかのように泣くはずです。

こうして自分の感情に気づく力が培われます。自らの感情を意識し、自覚することを「自己了解」と呼ぶなら、母親のように赤ちゃんの直接世話をする養育者が親和的承認を与えることで、自己了解の力が形成されはじめるのです。それは頭で考えた自己理解とはちがい、その都度、自分の気持ちに気づく力と言えるでしょう。

†自己了解と自由

哲学者のハイデガーは、「了解するはたらきはそれらすべての次元にわたっていつもそれぞれの可能性を探ろうとしている」（『存在と時間』）と述べています。ある気分に気づき、これを受けとめること（了解）は、これから自分がどうしたいのか、どうすべきなのか、という可能性を探すことにつながっているのです。

これは、人間が気分を了解しつつ、可能性を目がける存在であることを意味します。言い換えれば、人間は自己了解（気分の了解）によって、自分自身の本音を深いところで理解し、それに応じて行動を選び取っているのです。

普段の行動を思い浮かべてみてください。いやいやはじめた仕事でも、やっているうちにワクワクした気分になれば、もっと続けたいと思うでしょう。逆にイライラした気分になってくれれば、もうやめたい、という自分の本音に気づくはずです。気分、感情は、いま自分が何を望んでいるのか、どうすべきなのかを示しています。そこから私たちは行動を決めているのです。

気分に気づくこと（感情の自覚）、つまり自己了解することには個人差があります。自己了解があまりできない人は、感情に左右されやすく、自分の気持ちをコントロールすることがうまくできませんし、ひどい場合には、自分が何を感じているのか、それさえもわからなくなる人もいます。こうなると、自由に生きることもできません。自由とは「したいことができる」ときに感じられるので、自分の「したい」ことがわからなければ、自由を感じることはできないのです。

したがって、子どもに対する大人（特に親）の親和的承認、共感的な対応は、子どもが自由に生きていくために、きわめて重要な意味をもっていることになります。それは自由にとって不可欠な、自己了解の力を形成するからです。

多くの人は程度の差はあっても自己了解の力があり、自らの心の動きを察知し、自分の感情に気づくことができます。それは生まれつきそなわった能力というわけではありません。最初は母親が、あるいは父親や祖父母、保育士が、とにかく愛情をもって接してくれた大人が、自分の感情をていねいに受け止めてくれたからこそ、培われた力なのです。

こうした共感的な対応、親和的承認は、赤ちゃん時代だけでなく、幼児期全体をとおして少しずつ進展するプロセスであり、児童期、思春期においても必要になります。

親和的承認が満たされるからこそ、子どもは安心して行動し、集団的承認を求める段階に無理なく進むことができるし、自信をもって、自分のやりたいことを積極的に行う主体性も築かれます。あるがままの存在が受容される「存在の承認」があってこそ、主体的な行動が可能となり、「行為の承認」を得ようとしはじめるのです。

とはいえ、感情を受けとめ、共感的に対応する親和的承認が最も必要な時期は、やはり幼児期だと思います。この承認がなければ、子どもは自己意識に目覚めることさえ難しくなるからです。

幼い子どもは、まだ自分の感情を自分のものとして自覚する力が弱く、しばしば自分と他人の感情を混同してしまいます。母親が悲しそうな顔をしていれば、たちまち悲しい気分になり、泣き出してしまうでしょう。ある意味で、大人よりも共感しやすいと言えますが、最初のうちは相手の感情をわかるというより、ほとんど自分自身の悲しみとして感じています。相手の感情と自分の感情を混同している、と言ってもよいかもしれません。

しかし、親和的承認と共感的な対応によって、少しずつ、自分の感情を自分のものとして自覚できるようになり、同時に自分と他人の感情を区別できるようになります。つまり、そのような感情をもった主体として自分を捉え、それが自己像の核となっていくのです。

†行為の価値に対する承認――幼児期から児童期の心へ

母親は赤ちゃんが生まれてから一年ぐらいは、かなり没頭して育児に集中していますから、通常、赤ちゃんの親和的承認の欲求に十分応えることができます。あまりに弱々しい姿で誕生したわが子に対し、自分が守らねばならない、という強い責任感と不安を抱くため、赤ちゃんのわずかな異変にも気づき、即座に対応するようになるからです。

もっとも、こうした対応は大変な疲労をともなうため、一年ぐらいして育児に慣れ、赤ちゃんもしっかりしてきた段階で、母親は育児への没頭状態から脱け出し、「完全な母親」から「ほどよい母親」に移行する、と精神分析医のウィニコットは言っています。別に手を抜くようになるわけではありませんが、完全に世話をするのではなく、度が過ぎない程度になる、ということです。

母親の対応が完璧でなくなれば、幼児は欲求不満を感じるようになるのではないか、と思うかもしれません。そのとおりですが、これは幼児が現実を認識する上で必要なプロセスなのです。なぜなら、もし母親がいつまでも完璧に対応し、幼児の不快や不満を即座に取り除くなら、幼児はすべてが自動的に快適になるという錯覚を抱いたまま、自分で状況を変えようとはしないでしょう。外の世界に働きかける必要性を感じないため、現実をしっかり認識できなくなり、行動を起こす主体性もなかなか形成されません。

そもそも一年ぐらいたてば、幼児はだんだん、いろんなことができるようになります。手足も自由に動くようになるし、歩きはじめたり、物を自由にいじることもできるようになる。さまざまな能力が開花し、「できる」ことが増えるのです。幼児はこの自由な感覚に嬉々とし、いかにも楽しげに、自由に身体を動かすようになります。それは人間が最初に感じる自由の経験なのかもしれません。

したがって、いつまでも完璧に世話をしなくても、できることは少しずつさせるほうが、実は子どものためになるのです。たいていの母親はこうした事情を知ってか知らずか、ごく自然に子どもの能力を引き出し、できることはさせるようにしているものです。

幼い子どもが身体を自由に操りはじめると、親は驚きに満ちた眼で「すごーい!」と声を出してよろこぶでしょうし、ほめたたえ、よしよしと抱きしめるでしょう。それに対して、幼児はにこにこしながら、何度も同じことをしようとしますが、その得意満面な様子は、「見て見て、すごいでしょ!」とでも言いたげです。これは身体の自由を得たよろこびというだけでなく、親にほめられたことによるよろこび、はじめて自分の行為が評価されたよろこびなのです。

こうして、幼児は自分の行為が認められる喜びを知ります。それは人間がはじめて経験する「行為の承認」なのです。

もちろん、最初のうちは自分の行為への評価をはっきり意識しているわけではありませんし、母親の上機嫌な笑顔に共振し、共感的なよろこびが湧き上がっているだけかもしれません。母親と自分の間に流れる心地よい時間を、もっと続けたいということもあるでしょう。それでも徐々に自己意識が形成されるにつれて、自分の行為を認めてほしいという欲望になるのです。

すでに述べましたが、「行為の承認」への欲望は親和的承認を土台にして生まれます。母親が共感し、感情を受けとめる親和的承認は、あるがままを受け入れる「存在の承認」でもあり、その安心感があるからこそ、何をやっても大丈夫と感じ、積極的に身体を動かし、行動するようになるのです。そして「できる」よろこびをあじわい、この行動が評価されることで、もっと「したい」という欲望が生まれます。

それは、行為の価値を実感したことで生まれた「行為の承認」への欲望なのです。

†自己ルールの形成

しかし、「できる」ことが増えれば、「やらねばならない」ことも増えてきます。母親や父親は「もうできるはず」と考え、さまざまな要求をするようになるからです。

まず幼児が歩き回り、自由に行動するようになると親も喜びますが、危険な物をさわったり、危険な場所に近づこうとすれば、「だめよ！」と制止します。これは幼児が体験するはじめての禁止であり、ルールなのです。その後、ルールはどんどん増えていきます。食事の際は、手を洗わなければいけませんし、手づかみではなく、スプーンで食べるように要求されるでしょう。排泄もトイレでするように促されます。いわゆる「しつけ」がはじまるのです。

子どもにとって、親の要求するルールはどんな意味を持つのでしょうか？

それまで無条件に受け入れられ、親和的承認を得ていたわけですから、ルールを守る必要性が出てきたことには、いささか不満があっても不思議ではありません。なにしろ、ルールを守らなければ渋い顔をされるのですから、無条件の愛と承認を感じることはできませんし、「ルールを守る」という条件つきでしか承認してくれないのか、という不満が出てきます。

幼児は一歳半頃からイヤイヤ期と呼ばれる時期に突入し、できるのにしない、わざとやらない、といった行動が目立つようになりますが、それはこうした不満のあらわれなのだと思います。

言うまでもありませんが、こうした不満の表明、イヤイヤができるのは、親の親和的承認をたっぷり受けてきたからこその、愛と信頼の表れでもあります。もし十分に親和的承認を得てきておらず、過度に厳しいしつけが早くから行われていれば、幼児は強い承認不安を抱き、従順にならざるを得ないでしょう。従わなければ愛されない、認められない、という恐怖が先行するからです。

ともあれ、多少の不満、イヤイヤという行動があるとしても、ルールを守り、親の要求や期待に応えれば、親は笑顔でよろこび、ほめてくれるわけですから、それはそれでうれしいはずです。自分の行動が評価される「行為の承認」は、大きな自信になるでしょう。

こうした経験のつみ重ねによって、幼児の心には親の要求や期待が取り込まれ、内面に「承認が得られる行動の基準（ルール）」が形成されてきます。それは親のルールが内面化された行動規範であり、自分が準拠すべき行動のルール、「自己ルール」なのです。

誰もが自己ルールをもっており、意識的な行為のみならず、無意識のうちに行動した場合でも、自己ルールに従っているものです。それは成長過程でさまざまな影響を受けながら形成されるのですが、最初は養育者（多くは母親）の言動から生まれます。

　したがって、もし親が偏った価値観を持っていたり、不適切で統一性のない要求を繰り返していたら、子どもの自己ルールも偏ってしまったり、統一性のないものになるでしょう。また、親の言動が乱暴だったり、強圧的であれば、子どもは罰を怖れ、愛と承認を失う不安から親に従い、歪んだ自己ルールに固執するようになってしまいます。

　子どものことを愛し、将来を案じている親が、子どもに期待し、さまざまな要求を与えるのは当然ですが、その根底には愛情に支えられた親和的承認が必要です。失敗しても責めない、一度に多くの要求をしない、自分勝手な価値観を押しつけない、子どもへの共感を見失わない、大事に思っていることを伝える、といった対応ができていれば、子どもは親の愛を感じ取り、親の要求を正当なものとして感じることができるでしょう。そして強い承認不安を抱くことなく、親の期待や要求に応えようとするはずです。

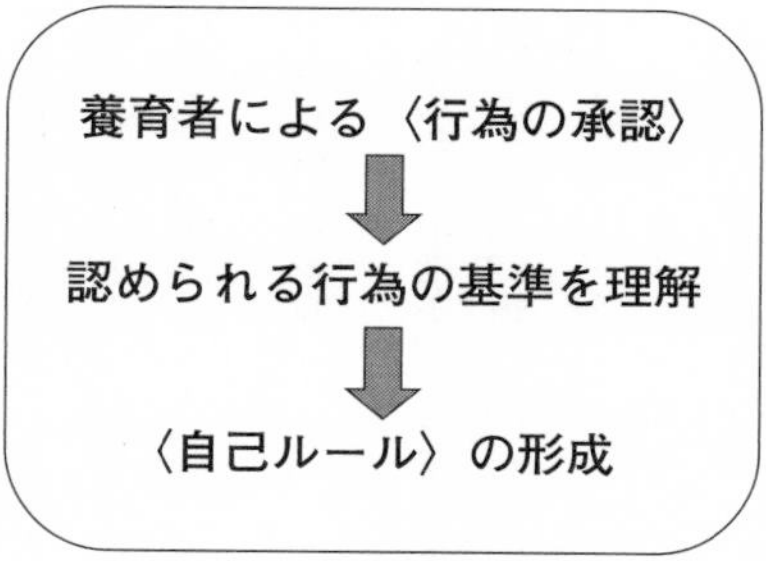

自己ルールの形成プロセス

　こうして、幼児は強い承認不安を抱くことなく、親の期待や要求を内面化し、自己ルールは大きく歪むことなく形成されていきます。また、こうした信頼関係と自己肯定感に支えられて、幼児のなかにさまざまなことを「したい」という意欲も生まれます。未知なるものへと関心を向け、新しいことへ挑戦したくなるのです。

†没頭体験と自意識

最近、「したい」ことがわからない、という若者が増えています。おそらく承認不安があるために、自分のしたいことをがまんし、他人に対して同調ばかりしてきたため、「したい」という欲望が見えなくなり、意欲も生じにくくなっているのでしょう。しかし、そのような人であっても、幼児期にさかのぼれば、きっと「したい」こともいろいろあったにちがいありません。

もともと子どもは好奇心旺盛で、なんでも「やってみたい」「試してみたい」という欲望を持っているものです。少なくとも、身体が自由に動かせるようになり、外界のさまざまな対象に目を向けるようになれば、世界は未知なる興味深い場所として目に映ります。道端に咲く花や虫、得体のしれない物など、なんでも関心を抱き、不思議そうな顔で凝視したり、つかんで母親のところへ持ってきますし、見知らぬ場所にさえ、ずんずんと進んで探索しようとするでしょう。

このような行動ができる子どもは、親和的承認が満たされている可能性が高いと思います。やったことのない行動は、どうなるかわからない怖さ、スリルをはらんでいますし、それをすれば叱られるかもしれない、という不安もある。ですから、そのような行動をしても大丈夫、という安心感が必要なのです。親密な大人による親和的承認は、この安心感を与えてくれるため、子どもたちは未知なる世界へと飛び出していけるのです。

自分の「したい」遊びを思う存分にしている子どもは、他人の目を気にすることなく、その遊びに没頭します。いくら話しかけても、まるで聞こえていないかのように、こちらを見向きもせず、自分の取り組んでいることに夢中になるのです。

こうした「したい」ことに没頭することは、子どもが自分の「したい」ことを拡げ、主体的な意志をもった人間になる上で、とても貴重な体験と言えます。「したい」ことを存分にすることは、したいことを増やし、本当にしたいことを自覚していく力になるからです。たとえば、大人になったとき、自分のしたいことを楽しみ、集中して問題に取り組める人間になるかもしれないし、夢や理想を抱き、それを実現しようと邁進できる人間になる可能性もあるでしょう。

もちろん、自分のしたいことだけに没頭するわけにはいきません。他人の迷惑にならないように、周囲と協調して生きることも必要です。それが適度にできれば、周囲の人にも認められ、承認不安に苦しむこともなく、「したい」こともできるはずです。しかし、必要以上に他人の目を気にし、周囲に配慮しすぎれば、自由の実感は失われてしまいます。

したがって、子どもがなにか関心のあること、興味のあることを試そうとしたとき、十分にさせてあげたほうがよいでしょう。少なくとも、幼児期から小学校低学年頃までは、こうした体験を十分にすることが必要です。そうでなければ「したい」ことは増えないし、「しなければならない」ことばかりが雪だるま式に増えていき、それは強い承認不安と過度の自意識を生んでしまいます。

たとえば、親の期待や要求、命令が多すぎれば、子どもは「したい」ことをあきらめ、「しなければならない」ことだけで頭が一杯になります。子どもが「したい」と思ったことをしようとする度に、親に注意され、止められ、勝手にやろうとすれば不機嫌になるようなら、やがて「したい」という思いが生じても、同時に不安が生じてブレーキがかかるようになり、親の顔色をうかがうようになるでしょう。こうなると「したい」という思いを回避するようになり、「したい」ことがわからなくなるかもしれません。

幼稚園や保育園、小学校などで集団行動を優先しすぎたり、根拠の不明確なルールを頑《かたく》なに守らせれば、やはり同じような問題を生み出します。そして、相手の要求に従わなければ認められない、愛されない、という不安を抱えた人間となるのです。

このような子どもは、親や学校の要求を最優先するため、表面的には「いい子」で優等生になりがちですが、心の奥底に不安を抱えており、後年、自己不全感に苦しむようになります。そう考えると、自分のしたいことを自覚し、主体的に行動できる、そんな人間に育てるためには、やはり「したい」ことに没頭できる時間が必要なのです。

†同調圧力と空虚な承認ゲーム

思春期は最も承認不安の嵐が吹き荒れる時代と言えます。それは、自意識が強くなり、アイデンティティを気にしはじめる時期でもあるからです。

本来、学校は多様な人間が集う場所なので、さまざまな価値観や考え方、感受性に出会い、多様なあり方を学べます。それはお互いの考えや感じ方を認め合い、自由に生きる上で、とても重要な経験となるでしょう。自由を認め合い、自由に生きる能力を身につける場として、学校は重要な役割を担っているのです。

ところが、現在の学校は多様性よりも同一性が重視されています。同じような考え、行動、価値観が求められ、同調せざるを得ない雰囲気に満ちているのです。

もちろん、社会で共に生きていくためには、最低限のルールや価値の共有は必要ですが、学校がルールの根拠を示さないまま、無意味な校則を守らせたり、平等性を強調して同じような行動ばかりさせていれば、子どもたち同士の間でも同質性を求めあい、異質な言動を排除する傾向が生まれてくるかもしれません。周囲に忖度し、横並びを重視する大人の姿勢は、子どもにも影響を与えてしまう可能性があるのです。

そもそも思春期の子どもは自意識が強いため、承認されるための安定した評価基準にすがりやすい傾向を持っています。その結果、学校内の価値基準に同調したり、場の空気を過剰に読みこみ、異質な存在でないことを示そうとします。思春期はもっとも空虚な承認ゲームにはまりやすい時期なのです。

この時期はクラス内でも小グループに分かれ、どこかのグループに属さなければ学校で居場所がなくなるため、グループの仲間からの承認は優先事項となります。こうしたグループには、閉鎖的で排他的な傾向が強いものも多いため、後から入り込むのは容易ではありません。

しかも最近のグループ化には、おしゃれでいけてるグループから地味でオタクなグループまで、いくつかの差別的な階層があり、グループ間での交流はほとんどないという、スクール・カーストと呼ばれる現象がしばしば見られます。こうなると、ますます所属グループの承認だけが大事になってくるのです。

このような空虚な承認ゲームには、承認を得るための明確な価値基準がありません。仲間で共有している価値観は曖昧で流動的なものであり、リーダー格の人間の気ままな言動に左右されやすいのです。

そのため、仲間の集団的承認を維持するには、同調し、忖度した行動を取るしかありません。それは別に価値ある行為ではないので、達成感もありませんし、求められるキャラを演じ続け、自己不全感に苦しむ子もいます。また、ちょっとしたきっかけで仲間外れになったり、いじめにあうこともあり、その結果、不登校になったり、心を病んでしまうことさえあるのです。

こうした危機を乗り越え、思春期をサバイブできたとしても、他人の顔色ばかりうかがって、自分の「したい」ことを十分にしてこなかったツケが回ってきます。主体的な意志が未成熟で、自分のしたいことがわからなくなってしまうのです。昨今、「したい」ことがわからない若者が増えている背景には、家庭における過度の要求や期待の影響だけでなく、同質性が求められがちな学校生活の影響もかなり大きいような気がします。

†思春期の自己承認

友だち関係がうまくいかず、強い承認不安を抱いた場合、自分で自分を承認するようになる場合もあります。

現代のようにテレビやインターネットの発達した時代では、さまざまな考え方や価値観は早くから耳に入ってきます。そのため思春期にもなれば、日本社会における常識や世間の価値観はおおよそ理解しているし、多様な価値観があることも知っています。それにより、学校の仲間やグループの価値観を相対化し、公平な価値判断をすることが可能になるのです。

たとえば、自分がいつも一緒にいる仲間たちが、誰か他の子を差別的な言葉でばかにしたり、物を隠したり、その子のノートに悪口を書き込んだとします。仲間から認められるためには同調し、同じような行動をとる必要があるのですが、それらの行動が差別やいじめであり、一般の人たちから見れば最低な行動であることは、親や教師から学んだ考え方、社会の常識から判断すれば理解できます。そのため、「これは悪いことだ」と主張したり、仲間に反論するのが難しければ、できるだけ加担しないようにすることもできます。「自分の方が正しいはずだ」と自己承認できるからこそ、こうした行動がとれるのです。

このような、特定の価値規範に準じて自己承認することを「規範的自己承認」と呼びましたが、これは特定の宗教や思想を信じて自己承認する場合も同じで、承認不安を払拭できる点では役立ちます。しかし、その価値規範と自分の感情や思考にズレが生じた場合には、自由を失い、苦しむことになりますし、不合理で歪んだ価値観ならなおさらです。

ナチスによるホロコースト、中国の文化大革命、日本の軍国主義、オウム真理教の地下鉄サリン事件など、歪んだ価値観は多くの悲劇を惹き起こしてきました。特定の価値観を絶対視すれば、その価値観に合わない人間は軽視され、批判され、その人の自由を奪うことになるのです。

いまの日本における社会の常識や世間の価値観に、そこまでの危険性はないかもしれません。私たちの社会には、安心した暮らし、自由な生活を守るためのルールが存在し、善悪に関する最低限の共通了解が成り立っています。社会の常識や世間の価値観は、こうした善悪の基準も含んでいますので、その点では信用できるのです。

しかし、世間の価値観は流行や伝統の影響を受けやすい面があり、道徳的な問題だけでなく、趣味や生活習慣にまで口を出してきます。

たとえば、偏差値の低い学校を出た人間は負け組である、流行の服装をしていない人間はダサい、結婚できない人間は一人前ではない、同性愛はよくない、オタクはキモイ、母親は仕事より子育てに専念すべきだ、などなど……。このような考えは、いまだに多くの人が抱いていますが、かなり古臭い価値観、根拠のない考えを含んでいて、まったく普遍性がありません。しかし、これらもまた、いまの世間的な価値観を構成しているのです。

要するに、「盗みや暴力は悪い」といった道徳的な価値判断については、世間的価値観も納得できる部分が多く、自己承認に役立ちますが、それ以外の趣味や生活習慣に関する部分は移ろいやすく、危険性もある、ということです。

†親友の希求と中二病

社会的常識や世間の価値観による規範的自己承認は、承認不安に対する一時的な防衛策として使えますが、抑圧的で窮屈な面もあるため、自由を感じられません。むしろ、反発を感じることさえあるでしょう。かといって、周囲への同調行為は不安を緩和できませんし、なんとか承認を維持できるとしても、あまりに疲れてしまいます。

そこで思春期の子どもたちの多くは、承認不安への対処法として親和的承認に救いを求めます。親が共感し、慰めてくれる場合もありますが、思春期にもなると自立への意識が強くなり、親への反発心も生じやすいので、もっと対等に共感しあえる相手、承認し合える友だちを求めるようになるのです。

精神科医のサリヴァンは思春期の特徴の一つとして、対人的親密欲求が高まり、親友を求めるようになる、と述べています。それは、「水入らずの相手というか、大の親友というか、そういうものになる同性の特定の一人に対しての関心」(『精神医学は対人関係論である』)であり、その親密性は、個人的価値のあらゆる構成分の妥当性吟味を許し合う関係だと言うのです。

確かにそのとおりで、この時期の子どもたちは親友の存在を求めます。親友がいれば承認不安を払拭できるし、空虚な承認ゲームから身を引くこともできるのです。

それだけではありません。サリヴァンによると、親友の存在は「自閉的幻想的な考えを訂正する上で特別に重要な意義を持つ」（同右）のであり、後に精神障害に陥る危険性を減らすことができるのです。これは、親子関係で生じた自己ルールの歪みも修正できる、ということを意味します。歪んだ自己ルールには親の承認という呪縛がかかっていて、なかなか修正できないものですが、親友の承認はこの呪縛を解き放つ力を持っているのです。

さらに言えば、親友によって、相手にとって何が大切なのか、何ができるのか、といった感受性も目覚めます。サリヴァンはこれを「愛」の開花のはじまりと呼び、それがやがては異性に対する親密性の欲求にもつながる、と述べています。相手を大事に考え、相手の身になって考えるようになる、という点はきわめて重要だと思います。なぜなら、これこそまさに、普遍的視点への動機となるからです。

普遍的視点は、さまざまな立場の人、多様な価値観の人の身になって考える視点であり、そこから誰もが認める普遍的なものを見出そうとする視点です。この視点を獲得するには、多様な価値観の知識を得るだけでは十分ではありません。本当の意味で他者の身になって考え、他者の視点に立つためには、相手を大事に思う気持ちが必要になるのです。

このように、親密な存在がいることは、思春期、青年期を潜り抜ける上で、大きな助けになります。しかし、残念ながら、誰もがそのような存在と出会えるわけではありません。そうなると、孤独感に耐え切れず、たいして好きでもない人たちのグループに参加し、空虚な承認ゲームを続ける場合も多いでしょう。もしそれに抗うとすれば、自分で自分を認めるしかありません。

たとえば、あくまで自分の自由を優先し、世間や所属集団の価値観を無視する場合があります。これは高校生ぐらいになると多いのですが、周囲の評価など一切気にせず、「俺は俺だ！　まわりの奴なんか知らん」と考えたり、「どいつもこいつも、ホントわかってねえ！」などと周囲の人間を批判したり、「自分だけはわかっている」と根拠もなく思い込んだりするのです。

要するに、自分で勝手に自分の考え方や行為に価値があると思い、自己承認しているわけですが、このような自己承認は勝手な思い込みがほとんどなので、「独善的自己承認」と呼ぶことができるでしょう。

このような人は、周囲から見れば自分勝手に見える場合もあり、「中二病」などと呼ばれるかもしれません。事実、自己愛的な空想や、背伸びをした考え、自意識過剰な発言は、しばしば周囲を辟易させると思います。しかし、これはある意味で、承認不安を払拭し、自由を確保するための無意識的な防衛戦略とも言えます。周囲の承認を気にしないことで、あるがままの自分の行動や考え、感じ方を全面的に肯定し、自己価値を（勝手に）確信したまま、自由であり続けることができるからです。

そう考えると、一概にだめだとは言えません。それは、承認不安に押しつぶされず、一時的に自分の殻に避難できるやり方であり、思春期か青年期ぐらいまでなら、他人に迷惑をかけないかぎり、多少の独善的自己承認は許されてもよいと思います。少なくとも、周囲に同調しすぎて心の病になるくらいなら、こうして自分の心を守ってもいいような気がするのです。

†普遍的視点からの自己承認

独善的自己承認は、ヘーゲルが『精神現象学』の中で「自己意識の自由」と呼んだ状態に似ています。それは周囲の承認を無視し、自分だけが正しい、と思い込んでいる状態なのです。

しかし、たいていの場合、この状態は長くは続きません。やはり誰であれ、周囲に認められないのはつらいからです。どんなに強がっていても、やっぱり認められると嬉しいし、どこかで承認不安を抱えていたことに気づかされます。そこで、結局は周囲の人の意見にも耳を傾けるようになり、他者の評価を受け入れるようになる、とヘーゲルは述べています。大人になるにつれて、独善的な言動を抑え、他者の承認を重視するようになるのです。

それでは、他人の承認に振りまわされていた状態、空虚な承認ゲームに逆戻りしただけではないか、と思うかもしれません。周囲の評価など気にせず、嫌われる勇気をもって自由に行動したほうがましだ、という意見も聞こえてきそうです。

しかしヘーゲルが言いたかったのは、他者の承認を優先し、同調することではありません。重要なのは、自分の行為に価値があるのか否か、公平に考えて判断すること、そしてその中で本当に価値あるものを見つけていこうとすることなのです。

たとえば、漫画家を目指している青年がいて、仲間から批判されたり、編集者から問題点を指摘されたとします。そうした忠告を無視して、自分のやり方でまちがっていないと思い込めば、自分を変える努力もしないので、一時的には楽かもしれません。これは独善的自己承認の段階です。しかし、仲間の批判をちゃんと受け止め、編集者の指摘によって改善しようとすれば、やがて優れた漫画になり、多くの人の承認を得られるようになるでしょう。その後もさまざまな人の意見を参考にして、自分なりに努力して工夫していけば、より納得のできる漫画が描けると思います。そして、どのような漫画がよい漫画なのか、だんだんわかってきます。そして、もっともっとよい漫画、本当に価値のある漫画を目指すようになるかもしれません。

これは、多様な人々の観点を取り入れた結果、いちいち他人に言われなくても、自分でなにがよいのかわかるようになってきたのです。そのため、他人の承認に右往左往することはありません。他人の評価は謙虚に受け止めますが、普遍的視点から自己承認できるのです。

このような自己承認は、周囲の人々や世間の価値観に引きずられることはなく、独善的に判断するのでもありません。それは特定の価値観を妄信せず、さまざまな人の意見を公平に考慮し、たえず行為の価値を吟味し、納得した上で行為を決定する道であり、これこそ普遍的視点から内省し、普遍的自己承認に至る道なのです。

普遍的視点を獲得するには、一定の条件が必要です。多様な価値観を学ぶことも必要ですし、さまざまな立場や考えの人と出会うことも大事でしょう。でも、いまの日本社会における学校では、なかなか難しい面があります。

大学生ぐらいになってやっと、高校生活までの閉鎖的な空間、グループ化は緩和され、サークルやバイトを含め、より多様な考え、価値観と出会う機会が増えてきます。そして、さまざまな環境や立場、価値観の人間の身になって考える力もついてくるのです。多様な人々の観点、つまり普遍的視点から考える力が身につけば、どんな立場や価値観の人でも納得し、共通了解できるかどうかを吟味し、公平な価値判断ができるようになるでしょう。

独善的自己承認
（根拠なき自信と誇大性）
規範的自己承認
（価値観・ルールに準拠）
普遍的自己承認
（普遍的視点による省察）

3つの自己承認

もちろんこれは、うまくいけばの話です。実際には、大学生になっても、いや社会に出てからも、普遍的視点を持てないまま、承認不安に怯え、身近な人の承認ばかり気にしている人がたくさんいます。残念ながら、たいていは世間の価値観から判断するばかりで、多様な立場や価値観の人々を考慮して考える、というような人はあまりいないのです。

普遍的自己承認ができるための条件が、まだまだいまの社会には弱い、ということでしょう。

†承認の相補的関係

さて、幼児期から成人に至るまでの心の発達を見ながら、承認欲望の変化、自意識と承認不安の問題、自由と承認の葛藤について考えてきました。ここで、私たちが承認不安に対してどのように対処しているのか、もう一度、簡単に整理してみることにしましょう。

まず、親の過度な期待や要求、偏った価値観、歪んだ友人関係などにより、子どもが十分に親和的承認を得ることができなかった場合、親の要求に従ったり、友だちに同調することによって、なんとか承認を得ようとします。そうやって努力して「行為の承認」を獲得し、親和的承認（「存在の承認」）の欠如を埋め合わせているのです。

逆に努力しても失敗したり、成果を上げられない場合、当然、周囲からの評価は得られないし、批判を受けることも少なくありません。しかし、家族がなぐさめてくれたり、親友や恋人が共感し、元気づけてくれるなら、なんとか「またがんばろう」と思えるでしょう。これは集団的承認（「行為の承認」）の欠如を親和的承認が補っている状態です。

すでに述べたことですが、愛情に基づく親和的承認と価値ある行為が必要な集団的承認は、どちらも自己価値を高める効果がありますので、相互に補い合い、自己価値の低下を防いでいます。このどちらの承認も得られないとき、私たちは深刻な承認不安、自己否定感に苦しむわけですが、自己承認できれば、誰かに承認されなくても、取りあえずは耐えることができます。

社会に共通の規範、価値観が根づいていれば、この社会規範に基づいて自己承認することは容易ですが、いまの日本社会のように価値観が多様化していれば、規範的自己承認はなかなか難しいと思います。それでも、ある程度は社会的常識や世間の価値観が共有されているため、世間の一般的承認を得る場合もありますし、それを頼りにして自己承認することもできるでしょう。

しかし、世間の価値観は流動的で変化しやすく、しかも不合理で問題の多い考えも多く含んでいるため、世間を気にしすぎれば、かえって承認不安は強くなります。宗教や思想のなかに理想的な価値観を見出し、そこから規範的自己承認をする人もいますが、よくよく気をつけなければ、かえって苦しみが増すばかりです。まともな宗教、思想ならよいのですが、カルト系の新興宗教や過激な政治思想に染まってしまうと、なかなか後戻りができません。

一方、自分の考え方や感受性を過大評価して、自分は正しいと思い込む独善的自己承認は、周囲の承認を気にせず、自由でいられるため、思春期から青年期にかけての強い承認不安を払拭するには役立ちます。この時期はまだ普遍的視点も弱いので、無理やり自分を信じるやり方であっても、自己否定に陥らず、学校生活を切り抜けるには必要な面もあるのです。

しかし、独善的自己承認は自分の考えを勝手に信じているだけなので、その考えをあまり表に出しすぎると、他の人々との間に溝が生じやすいでしょう。したがって若いうちはいいのですが、やはり多様な立場の人々を想定し、彼らの身になって考えることが必要です。つまり、普遍的視点から行為の価値を吟味し、普遍的自己承認に至ることが、承認不安を克服し、自由と承認の葛藤を乗り越えるための最良の方法と言えるのです。

普遍的視点から考えるには、特定の価値観への固執、偏見を捨て、異なる価値観にも寛容にならなければなりません。そのために、幼少期から親和的承認を得てきたかどうか、多様な価値観の人々との交流があったかどうかが重要な鍵になります。

信頼できる人から愛され、親和的承認を受けた経験は、どのような価値観、立場の人であろうと、人間はただ存在するだけで尊重されるべきだ、という「存在の承認」の感度を育むことになるはずです。また、多様な価値観を理解し、さまざまな立場の人の身になって考えてみる、といった経験も必要になります。実際にそういった人々と語り合うことで、多様な考えや価値観を受け入れられるようになるでしょう。そして、誰もが納得できるかどうかを何度も考え、繰り返し吟味する習慣が身につけば、次第に普遍的視点が形成されていきます。

簡単なことではありませんが、普遍的視点が身につけば、さまざまな場所で認められ、自己価値を確信できる可能性が高くなるのです。

†社会人と世間のまなざし

ところで、思春期、青年期をくぐり抜け、大人になった後はどうなるのでしょうか？

大人のほうが子どもより自己承認できる人が多いのはまちがいありません。なぜなら、長年の経験から世間の価値観や特定の価値観を信じている人は、規範的自己承認が可能だからです。なかには普遍的視点を身につけ、普遍的自己承認ができる人もいますが、それほど多くはありません。

たいていの人は世間的価値観からある程度の規範的自己承認をしていますが、何度も言うように、世間的価値観は不安定で流動的であるため、自己承認と言っても強い確信が持てません。そのため、やはり周囲の承認を気にしてしまうのです。

まず男性の場合ですが、仕事のなかに集団的承認を求め、出世、職場の評価に執着し、親和的承認を家庭に求める人が多いでしょう。責任のある仕事を任され、一定の成果を上げれば、自分のやっていることには価値があると思えます。仕事がうまくいかない場合は承認が得られず、自己価値の下落を感じますが、家族が話を聞いてくれたり、なぐさめ、元気づけてくれるなら、自分を大事に思ってくれる人もいる、だめな自分でも認めてくれる人がいる、と感じることができるのです。

しかし、そうした家族がいる人ばかりではありませんし、親和的承認が得られない人は少なくありません。近年では非正規雇用の人も多く、正当な評価を得ていないと感じている人も増えています。社会的地位が不安定なだけでなく、未婚である場合には、世間から厳しい目で見られます。世間的な価値観のいびつさは、ここにも顔を出しているのです。

一方、女性は結婚、出産となった場合、一定期間、産休、育休によって仕事を中断せざるを得なくなります。

出産を機に退職した場合、母親という役割をこなすことが世間から承認を得る唯一の道になりますが、育児は重労働で、二十四時間休みがありませんし、自分のしたい仕事を断念したこともあり、母親として承認されるしかない、というプレッシャーがあります。

職場復帰をした場合、育児と仕事の両立はかなり厳しい生活となります。夕飯の支度や子どもの世話で残業もできませんし、休まざるを得ないことも少なくないので、職場での評価も厳しくなります。しかも「母親は子育てに専念すべきだ」という保守的な観念も、いまの日本社会の世間的価値観には含まれており、がんばってもそれに見合った承認が得られません。女性も自由に仕事を選べる時代ですが、まだまだ日本では不平等な雇用状況は残っており、男性に比べて公平に評価されているとは言いがたいのが現状です。

このように、仕事の内容や能力、周囲のサポート体制にもよりますが、現代社会では大人になっても承認不安を抱えやすいと言えるでしょう。

†人生後半の承認不安

中年期を迎え、人生も折り返し地点にきたことを意識すると、自分の人生の意味について、ふと疑問を感じはじめる人もいます。きっかけはいろいろあるでしょう。身体に衰えが見えはじめたこと。病気で職場での立場が大きく変わったこと。子どもが大きくなり、親としての役割が変わったこと。――離婚や転居がきっかけになる場合もあると思います。

ハイデガーは『存在と時間』のなかでこんなことを言っています。人間はふだん、死の不安をごまかして生きているが、「いつかは必ず自分も死ぬ」と自覚すれば、このままではいけないと感じ、本来のあり方に立ち戻るものだ、と。自分の生の意味を全体として捉えなおし、ほんとうの自分として生きようと思うのです。

また、精神科医のユングによると、若い人は社会的な不適応に悩んで相談にくるが、中年になると人生の意味に悩んで相談に来るそうです。ユングは中年期以降を人生の午後と呼び、「午前から午後へと移行するとは、以前に価値ありと考えられていたものの値踏みの仕直しということである」(『無意識の心理』)と述べています。若い頃は社会からの評価ばかり気にしていたのに、生の意味に関心の焦点が移るのです。

なるほど、誰もがそうなるとは言えませんが、人生の後半に差し掛かるとき、このような思いにとらわれる人は少なくないでしょう。

近代以前の社会なら、このようなことはなかったと思います。なぜなら、社会で共有された絶対的な価値観に従って生きてきたのですから、年を取ったからといって、疑う余地などありません。しかし現代社会では価値観が多様化しているだけでなく、時代とともに急速に変化していますので、年を取った頃には若い頃とは異なる価値観が世間に広まっています。そのため、自分のしてきた行為、生き方に疑問が生じてしまうのです。

絶対的な価値観を共有していない私たちは、自分の生き方、生きる意味は自分で見つけなければなりません。そのため、若い時から自分のアイデンティティを探し求め、やがて自分の選んだ仕事に居場所を見出し、これが自分の生きる道だと信じます。しかし、年を取ってくるにしたがって、本当にこれでよかったのか、自分の選択にまちがいはなかったのか、ふと考えてしまう人も少なくありません。価値観が多様化し、自分の価値を自分で探さざるを得ない時代だからこそ、このような悩みが起きるのです。

中年期に疑問をもたなかったとしても、高齢期になり、死を身近に感じはじめると、自分の生の意味と向き合うようになるでしょう。

定年を迎えて仕事を辞め、身体が衰え、病気を抱えるようになれば、承認を得る機会はぐっと減ってきます。それに加えて、子どもが自立して身近にいなくなったり、妻や夫に先立たれたりすれば、親和的承認を感じることもなくなります。そのため、自分の生の意味、自己価値の見直しをせざるを得なくなり、強い承認不安を感じてしまうのです。

以上のように、現代社会では何歳になっても、その年齢と環境に応じて承認不安を抱きやすいと言えます。それはときとして、深刻な心の病をもたらすこともあるのです。では、承認不安による心の病とはどのようなものなのでしょうか？　また、どうすれば承認不安を解消し、心の病を克服することができるのでしょうか？

次の章では、この疑問の答えを求めて、考察を進めたいと思います。

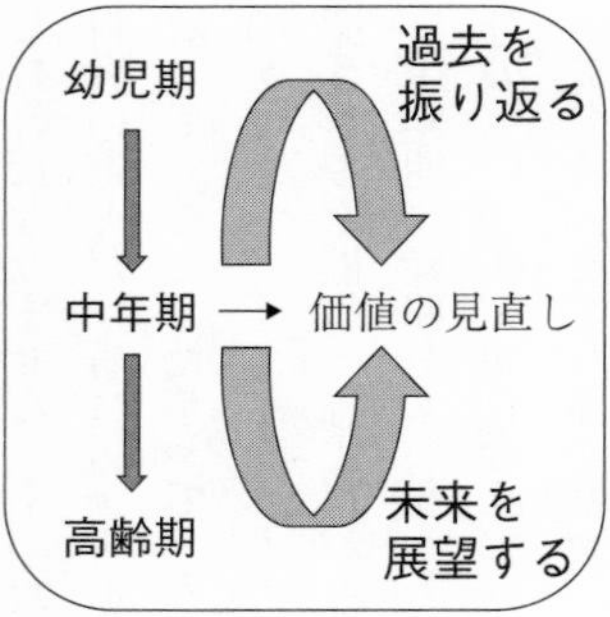

中年期の危機

Ⅱ

自由な心を蝕む「認められたい」不安

第3章　承認不安が生む心の病

†承認不安シンドローム

特定の価値観を共有し、絶対視している社会では、なにをすれば認められるのかがはっきりしているので、承認不安は少ないでしょう。そのかわり、なにをすべきなのかが決まっているため、自分で選び取る自由はありません。イスラム教社会であれば、コーランの教え、戒律に沿って生活すれば認められますが、戒律に背けば厳しく批判されると思います。独裁化した共産主義社会では粛清されることさえあり得ます。

これに対して、いまの日本のように価値観が多様化し、承認を得るための行動基準が見えない社会では、自由はありますが、承認不安は強くなってしまいます。多くの人が共有している世間的な価値観は存在しますが、それほど厳しい規制はありません。ただ、価値観が多様であるがゆえに、承認不安が強くなり、世間的な価値観に追従したり、身近な人々の言動に同調したりして、自由を手放してしまうのです。

すでに述べたように、自由に行動することは、しばしば周囲の期待や要求に反し、自由と承認の葛藤を生み出します。しかし、それでも自分なりに納得のいく決断、行為ができるなら、承認を手放さなくとも自由を感じることは不可能ではありません。事実、自由に生きながらも、周囲に承認され、自己価値を感じながら生きている人もいます。自由と承認の葛藤があるとしても、価値観が多様で自由に生きられる社会であるほうが、しあわせを感じられる可能性は高いのです。

しかし、承認不安があまりに強すぎれば、認められることにのみ執着し、自分の感情や欲望を過度に抑制してしまうでしょう。そのため、自由を感じることができなくなります。

強い承認不安ゆえに、冷静な価値判断ができず、周囲の言動にふりまわされている人はたくさんいますし、不安そのものに押しつぶされ、パニックに陥ったり、強迫行為を繰り返している人も少なくありません。あるいは、承認不安から逃れるために、歪んだ考えや行動を身につけ、周囲の人間に承認されるどころか、むしろ批判され、軋轢を生みだしている人もいます。

こうした承認不安に起因する一連の身体的症状、防衛的な反応、あるいは病的な言動のことを、以後、「承認不安シンドローム」と呼ぶことにしましょう。これは「嫌われるかもしれない」「批判されないだろうか」「見捨てられるのでは……」といった承認に関わる不安が原因で、その危険性を避けようとする心理が引き起こす歪んだ行為、身体反応のことです。

承認不安シンドロームは多くの人に見ることができます。たとえば、承認不安から過度の同調的態度をとったり、ストレスで胃腸が痛くなったりするのもそうでしょう。深刻な承認不安シンドロームでは「心の病」となり、強迫行為やパニック症状、対人恐怖といった病的症状となったり、被害妄想やうつ状態に至るケースもあります。また、認知症、発達障害のように脳の機能障害とされているものでも、周囲の人とコミュニケーションがうまくいかず、承認不安シンドロームが現れるケースは少なくありません。

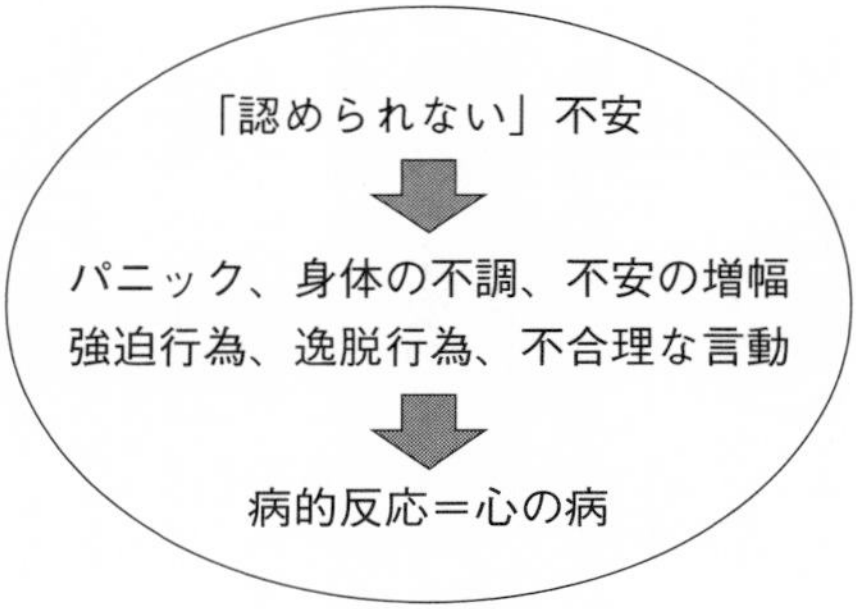

承認不安シンドローム

　では、それはいったいどのようにして生じるのでしょうか？　また、承認不安を解消し、歪んだ言動や症状を治す方法はあるのでしょうか？

†不安の現象学

承認不安とは「認められない」「嫌われる」「批判される」といった不安のことですが、そもそもこの「不安」とは何でしょうか?

私が問うているのは、不安は人間の大脳のどの部分と関係しているのか、というような生物学的な不安のメカニズムではありません。私たちの誰もが納得し、共通了解できるような「不安を感じる経験」の意味、つまり〝不安の本質〟を問いたいのです。

承認欲望の本質を考察したときと同様、現象学の思考法によって考えてみると、「不安」は三つのタイプに分けることができます。まず、身体的な病気や苦しみ、運動能力の低下など、身体に関する不安。次に、失恋や絶交、離婚、死別など、心地よい関係や愛情、友情で結ばれた関係を喪失する不安。そして最後に、他人からの批判や非難、軽蔑に対する不安があり、これが承認不安ということになります。

これらの不安は密接に関係していて、ある不安が別の不安を生むことも少なくありません。病気になれば、まず身体の不安が生じますが、それと同時に、これまでの人間関係が変わってしまうことへの不安、仕事やその他、評価される機会を失う不安も生じます。承認不安は、本来、身体や関係に関する不安から生じた悩みや心の病にも、付随して生じる可能性が高いのです。

人間は、身体的な快楽、楽しさだけでなく、友情や愛情の中に安らぎと心地よさを求めており、その一方で、自分の価値が認められることを求めています。そのため、こうした欲望に対する挫折や失敗、喪失をつねに怖れており、将来の悪い状況、危険な状態を想像し、「なんとかしなければ」という焦りが生じてしまいます。これが不安の心理であり、この感情は迫りくる危険な状況を知らせ、なんとかするように促しているのです。

精神分析を創始したフロイトは、不安とは危険に対する信号だと述べています。「不安は外傷のさいの無力にたいする基本的な反応であって、この反応は後になって危険状況におかれたとき、援助の信号として再生される」(「制止、症状、不安」『フロイト著作集6』)というのです。つまり、不安は危険な状況に対する無力への抵抗であり、危険を避けるように知らせている、というわけですが、これは不安の本質を鋭く言い当てていると思います。

フロイトは不安を過去に生じた去勢不安や分離不安に還元するなど、証明できない仮説を前提にした部分もありますが、それでも、あらゆる不安の経験を総合的に考えてみれば、この感情が危険を知らせる信号の役割を担っていることはまちがいないと思います。

不安が危険を知らせる信号であるなら、それは危険を避けるように促し、事態を改善しようとしているのであり、決して諦めているわけではありません。危険を避けるためにもがいている以上、危険を回避する可能性を信じているのです。

しかし、一歩間違えれば、危険にさらされてしまうので、安易な行動はできません。危険を避ける行動を選ぶ自由はあるのですが、失敗をおそれるあまり、その選択に迷い、身体がふるえます。くらくらと、めまいを感じることさえあるでしょう。キルケゴールは「不安とは自由のめまいである」（『不安の概念』）と言っていますが、まさに言い得て妙です。

考えてみると、私たちは自由な社会に生きているからこそ、さまざまな行為の選択が可能であり、行為の選択ができるからこそ、失敗をおそれ、不安になるのです。不安があることで、私たちは用心深くなり、危険を避けることもできます。だから、不安はこの自由な社会を生きる上で、不可欠な感情でもあるのです。

†不安の暴走と悪循環

しかし、不安を感じているとき、私たちは危険を避ける行動どころか、まったく無駄な行動をとったり、むしろ危険を増大させることさえあります。不安は本来、危険な状況、都合の悪い状況を告げ知らせてくれる、有効な信号であるはずですが、私たちはとても適切とは言えないような行動を選択してしまうことがあるのです。

たとえば、失敗をおそれて不安になった場合、神さまに祈ったり、ジンクスを信じたり、無意味なルーティンを守ったりすることがあるでしょう。こんなことをしても、現実の危険を回避できないのですが、ただ、不安という不快な感情を追い払い、落ち着く上では効果があります。焦って状況を悪くすることもありませんし、自分が納得してやっているので、自由も感じられると思います。

問題なのは、自分でも納得していないのに、不安に対して不適切な行動をとり、ますます状況を悪化させてしまう場合です。

他人との関わりに失敗し、恥をかいたことで、他人と関わること自体に不安を感じるようになり、誰とも会わなくなってしまったとします。もっと他人と関わりたいのに、また恥をかくのではないかと思い、他人と話そうとしても身体がふるえてできないのです。

この場合、不安の警告によって家にひきこもり、恥をかくという危険は避けられるわけですが、他人と関わりたい、という欲望は満たされないので、望んでいた状況ではありません。それは自分の意志に反した無意識の行動であり、納得して行動しているわけではないのです。

また、不安があまりに大きい場合、私たちは不安を打ち消そうとしたり、危険を避けようとして焦るあまり、状況を悪くしてしまうことがあります。不安が解消されるどころか、ますます不安になり、自分の気持ちに収拾がつかなくなるのです。

このような悪循環をもたらす原因は、不安そのものにもあります。

不安はそれ自体が不快な感情であるため、できれば不安にはなりたくありません。つまり、不安は危険な状況、「嫌な状況」を知らせてくれるのですが、不安になること自体が「嫌な状況」でもあるため、最初の「嫌な状況」に加え、新たな「嫌な状況」が増えることになります。最初に生じた不安に加えて、「不安に対する不安」までもが生じ、ますます不安が大きくなってしまうのです。

そもそも不安が不快なのは、危険を怖れているから、というだけではありません。不安な感情に気づくことは、「不安になっている自分」を、つまり自分の弱さや未熟さを自覚することでもあります。そのため、自尊心や自己肯定感が低い人間ほど、強い劣等感を引き起こしてしまいます。危険を怖れ、誰かに依存する自分、批判を過度に怖れている臆病な自分。そうした弱い自分、未熟な自分を認めることは、自己価値の低下を感じさせるため、より不安が大きくなるのです。

このように、ある不安が生じると、不安になっている自分を自覚し、その不安な自分のイメージが、周囲の批判や軽蔑、自己価値の低下を予感させます。すると、ますます不安になるという「不安の悪循環」が起きるのです。

不安に対する承認不安

「不安の悪循環」について、森田療法で有名な精神科医、森田正馬は興味深い考察をしています。不安は避けようとして注意を集中すればするほど、ますます大きくなる。不安があるのに「不安はないはずだ」と考えるため、余計に不安が増幅してしまう、というのです。

強いて忘却しよう、睡眠しようとあせったり、あるいは精神活動を抑圧しようとすれば、かえってますます精神の反抗作用を起こし、考慮の葛藤を生じて、その目的と反対の結果を来すようになるものである。(『神経質の本態と療法』)

森田正馬はこれを〝思想の矛盾〟と呼んでいます。では、なぜそれは起こるのでしょうか?

私の考えでは、不安があるのに「不安はないはずだ」と考えてしまうのは、不安な自分を認めれば、不安な自分では他人に軽蔑される、情けないと思われる、という恐怖が襲ってくるからだと思います。つまり、周囲に不安を気づかれること、不安な自分を悟られ、弱くて情けない人間と思われることへの不安こそ、「不安に対する不安」の正体なのです。

そこに強い承認不安があるのは明らかですが、要するに、承認不安はどんな不安に対しても生じ得るのです。

病気による身体的な不安においても、その不安を意識すれば、「死や病気を怖れている自分」を情けなく思うでしょう。そして、そんな弱い自分を周囲に知られたくない、気づかれれば情けない人間だと思われる、という承認不安が生じます。また、新しい仕事に自信がなく、不安になった場合でも、周囲にその不安を悟られれば、弱い人間、だめな人間と思われるかもしれない、という承認不安が加わり、ますます不安は大きくなるのです。

もともと承認不安が強く、自意識も強い場合はさらにやっかいです。

人前でスピーチする場合、失敗して笑われることばかり気にしている人がいて、失敗したらばかにされる、自分への評価が下がる、という承認不安で頭がいっぱいになり、スピーチが近づくにつれ、不安から冷や汗が出てきたとします。すると、今度は「この汗を周囲の人に見られると、不安なのがばれる」という「不安に対する不安」が生じます。そうなると、汗はとめどなく流れ始め、ますます焦って不安を考えまいとするでしょう。

このように、不安を打ち消そうとして、意識すればするほど不安は増幅し、「不安の悪循環」に陥ってしまいます。そこには承認不安が深く関わっているのです。

†過剰な不安が生む不適切な行動

大きすぎる不安は、人間を不合理な行動へと駆り立てます。

もともと不安は、危険な状況を避ける上では大事な役割を担っています。不安がなければ、私たちは危険を顧みず、無謀な行動、危険な行動をやめることができず、その結果、危険に身をさらしてしまうでしょう。

しかし、不安があるからといって、必ずしも危険を避けるための適切な行動が取れるとはかぎりませんし、かえって状況を悪化させる場合もあります。それは、大きすぎる不安が行動を狂わせているからです。危険を回避するための適切な行動をとるためには、状況を冷静にみきわめ、理性的に判断することが必要なのですが、不安が大きいと冷静ではいられないし、ちゃんと考えて判断すべきところを、焦って早まった行動をとってしまいます。

特に承認不安が強い人だと、不安を意識した時点で「不安な自分に対する承認不安」まで生じ、「不安の悪循環」に陥るので厄介です。不安な自分を周囲に悟られることを怖れ、不安を打ち消そうと躍起になるため、ますます不安は増大し、事態を悪化させてしまいます。動悸は激しくなり、汗はどんどん流れ落ち、なかばパニック状態になるかもしれません。そうなれば収拾がつかなくなり、もはや危険を回避するどころではありません。

こうした「不安の悪循環」が生じなくても、危険があまりに大きすぎる場合、あるいは同じ危険が繰り返される場合もまた、当然、不安は大きくなり、不適切な行動につながります。

事故や事件、いじめ、虐待など、あまりに恐ろしい出来事、危険な状況に遭遇した場合、再び同様な事態になることに対して、大きな不安を抱えるようになるのは当然でしょう。不安の感じやすさに個人差はありますが、大きな危機に直面した人間、何度も同じ危機を経験している人間は、総じて普通の人よりも大きな不安を感じるようになります。そして、過大な不安は危険回避の行動を誤らせるか、不可能にしてしまうのです。

――では、いったいどのように不適切な行動が生じるのでしょうか?

まず、焦ってほとんど行動できないパターンがあります。これは過大な不安に押しつぶされ、パニックになり、どうしていいのかわからないのです。不適切な行動というより、なにもできない状態、不安でいっぱいいっぱいの状態と言えます。

また、不安による危険回避を最優先にしすぎて、他のことを犠牲にしてしまうパターンもあります。たとえば、相手に嫌われないために、相手の期待や要求になんでも従ってし

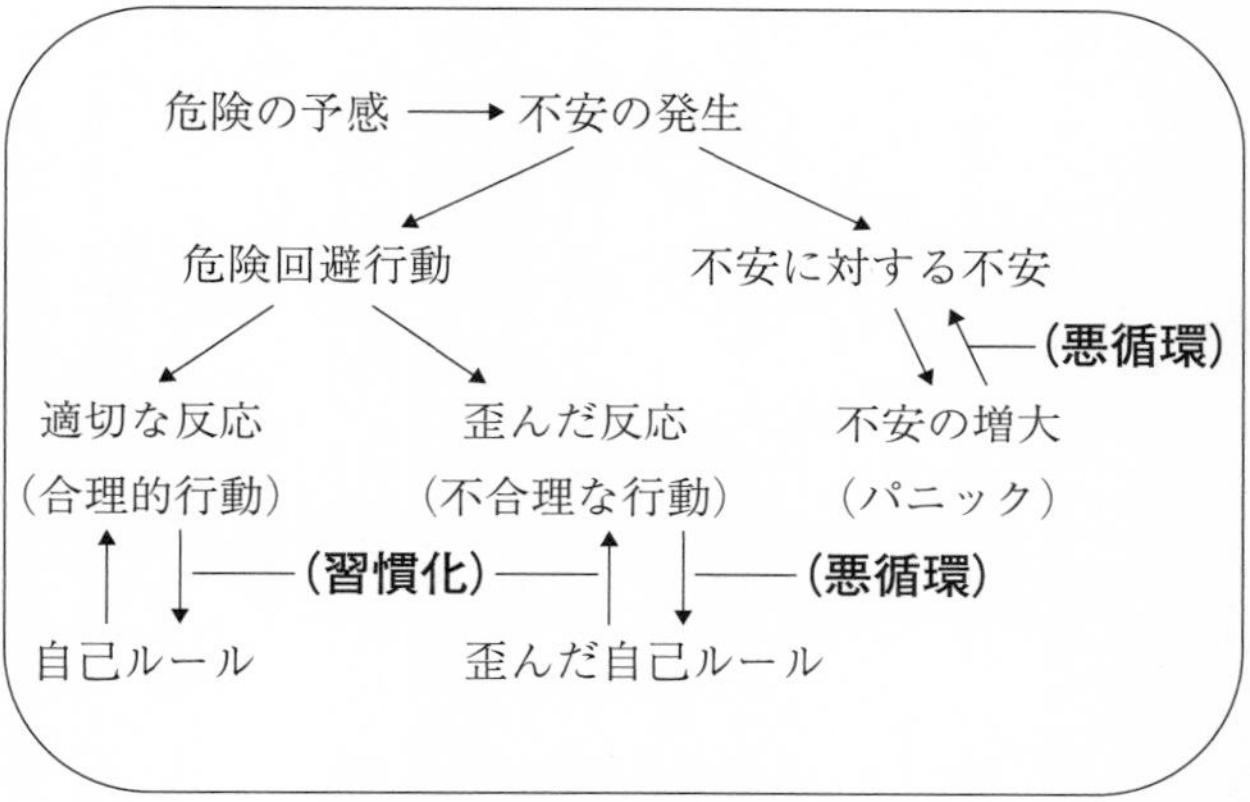

不安の展開と悪循環

まう場合、嫌われる危険は回避していますが、その代わりに自由を失い、自分の本音を出せない状況に苦しみます。このような行動は自己不全感をもたらし、自分でも不適切な行動だと思うのですが、そう思ってもやめられないのです。

危険を回避する行動が過剰で強迫的になる、というパターンも少なくありません。たとえば、自分の顔や体形について、周囲の軽蔑や嘲笑を避けたいあまり、過剰なダイエットや整形を強迫的に繰り返す人がいます。このような人は、強い承認不安から生じる強迫行為を、自分でも抑制することができないのです。やりすぎだと自分でわかっていてもやめられない。不適切な行為と自覚していても、どうしようもなく繰り返してしまうのです。

このように、不安は本来、危険を回避する上で役立つ感情なのですが、過剰な不安は危険を回避するどころか、思考停止に陥ったり、他の欲望や自由を犠牲にしたり、強迫的に回避行動を繰り返すなど、不適切な行動を生み出してしまいます。その結果、不安は解消されるどころか増大し、自由の喪失感、自己不全感にも悩まされるのです。

このような状態が一過性ではなく継続し、強い不安、動悸、パニック、強迫行為が頻繁に生じるようになり、日常生活にかなりの支障をもたらすようになったとき、私たちはそれを「心の病」だと考えます。

心の病の原因は承認不安以外にもありますが、そこに不安があるかぎり、その不安に対する承認不安が二次的に生じ、新たな症状を生み出す危険性があります。その意味で、承認不安シンドロームは承認不安が直接の原因ではない心の病においても生じ得るのです。

†なぜうつ病になるのか?

強い承認不安によって不適切な行動が繰り返され、習慣化されると、その行動パターンが確立し、いつも同じことを繰り返すようになります。それは、そのような歪んだ行動を促すルールが内面化され、行動規範である自己ルールが形成されるからです。

すでに述べたように、自己ルールの原型は、親の要求や期待、命令が内面化されたものであり、親に認められたい、愛されたいという欲望から形成されています。

たとえば、親に「嘘は悪いことだ」「いつも正直でいてね」と言われ続け、「嘘をつくべきではない」という自己ルールが形成されたとしましょう。そして絶対に嘘をつかないようにしていたのですが、ある時、友だちが校則違反をしていることを知り、先生に話してしまったとすれば、どうなるでしょうか。その校則違反には仕方のない理由があって、それが誰の迷惑にもならないことだった場合には、ただ友だちを怒らせたり、悲しませる結果となるでしょう。そこではじめて、自分の自己ルールに問題があることに気づきます。嘘が必要なこともある、とわかるからです。

このように、私たちは親の影響で自己ルールの原型を作りますが、いろんな人たちと関わる中で、自己ルールをより適切なもの、より生きやすいものへ修正していくのです。

ところが、親が子どもに対して親和的承認を与えず、厳しい命令や要求、過剰な期待ばかり向けていれば、親から認められるために、親の命令や要求に対して従順にならざるを得ません。そのため、大人からは「よい子」に見えますが、要求に従わなければ認められない、期待に沿わなければ愛されない、という強い承認不安が根底にあるため、自己ルールを変えることができないのです。

うつ病になりやすい人も、このような自己ルールを持っていることが少なくありません。

精神科医のテレンバッハは、うつ病になりやすい性格を「メランコリー親和型」と呼んでいますが、それは秩序と規則を重んじ、まじめで勤勉、他者にもすごく配慮する、といった性格です。これも承認不安ゆえに形成された自己ルールに従った行動なのです。

こうした性格だと、人一倍まじめに働き、残業や休日出勤を繰り返し、周囲の人間にも過剰に配慮し続けるため、だんだん疲労がたまってきます。周囲の人々は「いい人だな」と口々に言うのですが、鋭い人なら「大丈夫かな」と気づくでしょう。その予感は的中し、ある日を境に彼はうつ状態に突入します。不眠、食欲の減退、意欲・喜びの喪失、疲労感、罪悪感、自殺念慮など、うつ病の諸症状が出てくるのです。

うつ病の症状の特徴は、不安というよりも絶望と言ったほうがいいでしょう。不安が危険を回避しようと躍起になっている状態だとすれば、どうやってもうまくいかず、あきらめた状態、絶望した状態が「うつ」の状態なのです。

「絶望」という言葉で思い出すのは、キルケゴールの『死に至る病』ですが、彼はその中で、絶望している人間に必要なのは「可能性」だと述べています。「可能性！　それによって絶望者は息を吹き返し、蘇生する。可能性なしには人間はいわば呼吸することができない」(『死に至る病』)というのです。確かに、人間は可能性がなければ、生きる希望を見失ってしまいます。

不安の段階では、まだわずかな可能性に賭けています。他人に批判されるという危険を回避し、周囲に認められる可能性に向けて、懸命にがんばっているのです。過剰なまでに規則を守り、懸命に働き、他人に配慮していたのは、嫌われないため、認められるために他なりません。

しかし、これは認められるための条件としては過酷すぎるので、やがて無理がきて、うまくいかなくなるでしょう。可能性を見失い、絶望し、うつ状態に移行するのです。

†自己ルールの歪み

歪んだ思考、偏った行動パターンの根底には、承認不安による過酷な自己ルールが存在します。それは、親の過度な期待や厳しい要求の影響によるものかもしれないし、仲間や所属集団に認められるために、仲間の要求や期待、集団の価値観に合わせすぎた結果なのかもしれません。

それでも自己ルールが世間的な価値観に合致するなら、人間関係にさほど問題は生じません。多少は神経質に思えても、きまじめで、他人に配慮できる人間を嫌う人はあまりいないからです。うつ病になりやすい性格の人は、この典型と言えます。彼らの多くはたいていの場合、周囲の評判もよく、心の病とは無縁のように見えるものです。

しかし、自己ルールが自分に対して厳しいだけでなく、他人に対しても厳しくなる場合もあり、そうなると周囲との間に齟齬が生じるかもしれません。

たとえば親が共感性に乏しく、親和的承認をほとんど与えられなかったため、「人は無条件に認められることはない」「成果を上げた人間だけが認められる」という観念を抱くとします。すると、「努力して評価を勝ち取らねばならない」という自己ルールが内面に形成され、がむしゃらに努力を続けるはずです。勉強にしろスポーツにしろ、その努力がむくわれて評価されれば、ますます自己ルールは強化されるでしょう。その一方で、勉強ができない人、スポーツが苦手な人に、「努力が足りない、ダメな人間」というレッテルを貼り、傲慢な態度を示すかもしれません。

もし彼が幼い頃に親和的承認を十分に受けていれば、「存在の承認」の感度が形成され、自分とは異なる人、自分と同じことができない人に対しても寛容になり、勉強やスポーツができない人に対して、傲慢な態度をとることはできなかったかもしれません。しかし彼は強い承認不安を抱えていたので、必死で「行為の承認」を求めて努力し続けるしかありませんでした。だから、結果を出せない人間は努力不足に見えるし、結果を出せないのに慰められ、無条件に認められる人間は、甘えているだめな人間に見えるのです。

こういった考えの人はたくさんいますが、それを変だと思う人はあまりいないかもしれません。なぜなら、いまの世間の価値観のなかには、甘えより自立が大事だという考えや、結果を出せる人間こそが偉い、という成果主義的な考えが含まれているからです。

やっかいなのは、自己ルールが世間の価値観や社会的な常識からも大きくずれている場合でしょう。反社会的な行動によって周囲を脅かしたり、妄想的な言動によって混乱させたり、強迫行為を繰り返すことで迷惑をかけたりすれば、激しい批判の対象になったり、誰も近寄らなくなるはずです。それは他人を苦しめるだけでなく、結果的には自分自身を苦しめることになり、治療が必要になるのです。

†自己愛の病理

幼児期に満たされなかった甘え、自己顕示欲が、適切に昇華されることもなく、大人になって誇大な自己顕示欲、病的な自己愛を示す場合もあります。これは、強い自意識が独善的自己承認に転化し、誇大な自己像、特権意識となり、脱け出せなくなった状態です。

この問題については、自己心理学の創始者でもあるコフートの理論が興味深いので、少しお話しておきましょう。

コフートによると、まず、母親がほめてくれたり、共感的な反応を示すことで、子どもは自信を深め、自己の存在を確かなものだと感じられるようになります。母親が無視したり、称賛も共感も与えてくれない場合でも、父親が子どもの理想的な存在となり、共感を示してくれれば救われます。理想的存在というと大げさに聞こえるかもしれませんが、たとえば偉い人、優れた人と友だちだと、自分まで偉くなったような気分になるのと同じで、理想化された父親がいると、自分の存在も承認されている気分になるのでしょう。

「子供は自己の強化へと向かう機会を二度もっている――病的な程度にまでいたる自己の障害は、これら二つの発達機会の両方に失敗することによってのみ、生じる」（『自己の修復』）、とコフートは言っています。一度目の機会は母親の承認ですが、これがなくても、二度目の機会として父親の承認がフォローできる。しかし、両親ともに共感しなければ、自分で自分を称賛して、自己価値を守ろうとして、自己愛の病（自己愛パーソナリティ障害）になるのです。

なるほど、親和的承認が甘えや共感として経験できなかったために、満たされなかった自己愛が大人になって噴出し、周囲の人間は自分を認めるべきだ、従うべきだ、自分にはそれだけの価値があるんだ、という誇大妄想的な考えになる人は少なくありません。

母親が共感に失敗しても、父親がそれを補える、という考えも納得できます。ただ、いまの日本社会では、父親が理想的存在の役割を引き受ける、というより、母親と同じように気持ちを受けとめて共感する、というパターンのほうが多いような気がします。

逆の場合もあり、親に過剰に甘やかされ、すべてが許され、肯定されていると、まったく努力しなくても、自分は他人よりも認められるだけの価値がある、と勘違いしてしまいます。認められるのが当然、という考えから、自己顕示性を示し、周囲の人々に称賛を求め、そうしない人間には怒りを示す、というパターンです。これもやはり自己愛の病理と言えるでしょう。

誤解してほしくないのですが、だから甘えはよくない、というわけではありません。甘え、親和的承認は幼児にとって不可欠であり、よくないのは、親が自分の欲望を満たすために、過剰に甘やかす場合なのです。本当に子どものためを思っているなら、無条件に甘えを与えるだけでなく、悪いことをすれば叱り、よいことをすればほめる、という「行為の承認」の段階へ導くにちがいありません。それでこそ、適切な自己ルールが形成され、過剰な自己愛を抱くこともなくなるのです。

†心の病とは何か?

以上のように、承認不安によって発動された防衛反応は、習慣化すると自己ルールになり、その人の行動を支配します。多かれ少なかれ、誰にでも承認不安はありますし、それに対応してできた自己ルールも持っています。問題なのは、それが極度に歪んだ自己ルールになっている場合なのです。

親の価値観が歪んでいれば、当然、子どもの自己ルールも歪む可能性が高くなります。子どもは親の承認を得るために、親の価値観、ルールを取り込まざるを得ないからです。ただ、歪んだ自己ルールであっても、友人関係や、その他の人間関係を介して相対化され、修正する機会は十分にあります。親に愛情があったり、親友にめぐまれたりすれば、それも十分に可能でしょう。

しかし、そうした愛情、親和的承認にほとんどめぐまれなければ、承認不安はどんどん大きくなり、冷静な判断もできないまま、相手の期待や要求、命令に従わざるを得ません。すると、承認不安への歪んだ防衛反応を繰り返すことで、歪んだ自己ルールが生み出され、問題のある言動が常態化するのです。反社会的な行動や妄想的言動、強迫的な行為など、その思考と行動の歪みが大きければ大きいほど、周囲の人間との間に問題が生じたり、苦しみが増していくでしょう。

ここまでくると、強い承認不安や歪んだ自己ルールによる言動は、「心の病」の症状と見なされます。これは承認不安シンドロームが悪化し、深刻な状態に陥ったことを意味するのです。

フロイトは神経症の症状を「不安の告げ知らせる危険への防衛反応」だと考えていまし

たが、これはかなり本質を捉えた主張だと思います。神経症にかぎらず、多くの心の病における症状の意味を考えてみると、それが危険を避けるための防衛反応であることに気づかされます。心の病に共通するのは、危機的状況に対する不安を中核とした、苦悩をともなう防衛反応なのです。

心の病における危険への防衛反応にもいろいろあります。

まず、危機を前にして不安が大きくなるだけで、まったく防衛できていない場合。これは、不安から焦りが生じ、不安そのものを打ち消そうとして、パニックになっています。不安になっている自分を意識しすぎて（不安に対する不安）、「不安の悪循環」が起きているのでしょう。不安の増幅を止められず、慢性的に不安状態に陥っている人もいます。

こうした不安が前面に現れる心の病では、最初の危険は承認不安とは限りませんが、「不安の悪循環」に陥る場合は、承認不安が関与している可能性が高いと言えます。いわば二次的に承認不安シンドロームが生じているのです。

次に考えられるのは、危険を回避しようと強迫行為を繰り返したり、不合理な言動が習慣化している場合です。一見、不安が問題というより、行動が問題のように見えますが、それは行動によって不安の噴出を防いでいるからで、根底には強い不安がうごめいています。こうしたタイプの心の病では、もともとの原因も承認不安であることが多く、行動の繰り返しよって自己ルールを歪めている場合が多いのでやっかいです。

また、危険を避ける行為ができなくなり、うつ状態になる人もいます。これは、うつ病を発症する前は承認不安に対する防衛的な行動をしていた人に多いのですが、やりすぎて無理が生じ、防衛的な行動ができなくなったので、うつ状態になったのだと考えられます。

このように、承認不安による心の病に共通しているのは、強い承認不安のせいで、不安や危険を避けることだけに注意が集中し、生活のすべてをそれに費やし、まったく「したい」ことができていない状態、自由がない状態、ということです。現代人は自由と承認の葛藤を抱えているのですが、承認不安が強い場合は自由を犠牲にしてしまいます。しかも承認の充足にも失敗し、苦しみばかりが残るのです。

†発達障害と認知障害

身体的な不安やほかの原因で心の病になった場合でも、二次的に承認不安が関与し、状態を悪化させる場合があることは、すでに述べたとおりです。これは、遺伝や素質、脳などが主たる原因と言われる心の病も同じで、不安が主たる原因ではない病でも、不安(特に承認不安)に焦点を当てて考えるほうが、周囲の人が理解し、適切な対応をする上では役立ちます。

発達障害について言えば、原因は生まれつきの素質や脳の問題である、と言われていますし、親が愛情をもって適切に育児している場合にも見られます。だからと言って、すべてが素質や脳の問題だと考えてしまうと、親はともかく、周囲の人々は「生まれつきだから仕方ない」という態度になりかねません。

自閉症の子どもに特有な現象として、常同行動と呼ばれるものがあります。身体を揺らしたり、飛び跳ねたり、何かを叩く、といった動作を何度も繰り返すのですが、これを生まれつきの素質、脳の問題だと考えてしまうと、「こういう子だから仕方がない」と思い、まわりの人は放っておくことになるかもしれません。しかし、もしこの行動が不安によるものだとしたら、なんとか不安をなくしてあげたい、と思うのではないでしょうか。

自閉症の子どもは生まれつき世界を理解すること、相手の意図を理解することが難しいため、コミュニケーションに大きな不安を抱えています。相手に理解してもらえないいらだちを抱え、いつもと違う場面に遭遇すると、どう対処してよいかわからないため、緊張し、強い不安に襲われてしまうのです。だとしたら、同じ行為を際限なく繰り返す常同行動は、不安を追い払おうとしているのかもしれません。

精神科医の滝川一廣は、常同行動には鎮静作用がある、と述べています。いつもと違う行動をとることは、予測できない事態を引き起こす危険があるため、なじんだ行動を繰り返し、一生懸命に対処しようとしている、というのです。

本当にそうかどうかは、なかなか確証が得られませんが、少なくとも「不安への防衛」という観点で考えてみることで、私たちは自閉症者の行動を奇異なものと見るのではなく、その苦しみを理解し、なんとか不安をやわらげてあげたいと思うはずです。そして、「仕方がない」ですまさず、できるだけ不安の生じにくい環境を用意しようとするでしょう。

同じようなことは、認知症の高齢者の場合にも言えます。

認知症には、中核症状と行動・心理症状の二つがあります。中核症状は脳の機能障害によるもので、もの忘れなどの記憶障害、自分が置かれた状況を理解できなくなる見当識障害、そして思考・判断力の低下などがあります。一方、行動・心理症状のほうは、中核症状に環境要因が加わって生じるもので、抑うつ気分、妄想、幻覚、徘徊、暴言・暴力などがあるのですが、おそらくこうした症状のなかには、中核症状のもたらした不安が原因で、危険への防衛反応として現れているものが含まれているはずです。

たとえば、認知症になると、相手の婉曲な表現がわからず、複雑な会話が理解できないため、わからないのに「はい」と返事したり、適当に相槌を打つことが少なくありません。このため相手は、「どうせわからないのだろう」と思って話しかけなくなったり、嘘をついていると思って不機嫌になることもあるでしょう。しかし、本人は適当にあしらっているわけでも、嘘をついているわけでもありません。「おかしな人だと思われたくない」という承認不安があるために、相手に合わせているだけなのです。

このようなことを続けていると、相手の言い分や判断をすべて肯定するようになり、自分で判断できなくなります。自分で決めることができなければ、当然、自由を感じることもできないため、不満が募り、怒りを示すこともあるのです。こうして、何も決められず、適当に返事をしていたかと思えば、急に怒りだしたり、という事態に直面して、周囲の人は「やれやれ」といった顔をして、認知症だから仕方ない、と思うのです。

しかし、こうした認知症者の言動をすべて脳の障害として片付けるのではなく、強い不安が引き起こしている行動として理解すれば、おのずと対応も変わってくるでしょう。認知症の人の不安、苦しみによりそい、できるだけ不安のない環境、そして自由を感じられる環境を整えてあげようと思うのではないでしょうか。

†「不安への防衛」という観点

心の問題はさまざまな要因が絡み合い、簡単には理解しがたい面があります。しかし、心の問題と思われる不可思議な言動に対して、「不安への防衛反応」という観点で捉えると、問題はかなりクリアになってきます。

発達障害や認知症のように、素質や脳の機能障害が疑われる場合でも、「不安への防衛反応」という視点で相手の言動を見れば、一見、不可解な言動の理由も了解できますし、共感することもできるでしょう。そしてそこから、不安を緩和するような、適切な対応の方向性も見えてくるはずです。

認知的な障害はコミュニケーションの齟齬を生み、強い承認不安を生みやすいものです。相手に理解されないもどかしさは、あるがままの自分では受け入れられない、という「存在の承認」の不満につながり、いらだち、怒りを示す場合もあるでしょう。あるいは、「行為の承認」を得ようとしても、どのように対応すれば認められるのかがわからず、同じ行動を繰り返したり、同調して従属的な態度を示したりするのです。

私はこのような見方が絶対に正しいと言い張るつもりはありません。ただ、なかなか理解しがたい言動を「不安への防衛反応」として見ることは、相手の気持ちを受けとめ、共感し、よりよい対応を導く上で、とても有効だと考えています。

これは発達障害や認知症にかぎらず、さまざまな心の病にも同じことが言えます。もっと言えば、心の病だけではありません。誰もが強い不安から不適切な言動に走ってしまうことはありますし、特に承認不安の問題は、現代人のほとんどが抱えています。

したがって、もし身近な人々の言動のなかに理解しがたいものや違和感があれば、批判や決めつけをする前に、ひょっとすると不安があるのではないか、と考えてみるとよいでしょう。奇異に思われる言動も、不安の指し示す危険を避けようとしているだけなのかもしれません。それは、賢い対処法とは思えないかもしれませんが、その人なりの必死の抵抗であり、苦しみから逃れようとするあがきなのだと、そう考えてみることができるのです。

承認不安シンドロームはさまざまな形で現れます。それは一見、承認不安とは無関係に思われ、もともとこういう性格なのだろう、などと思えるかもしれません。しかし、そういう場合でも、もしかすると不安のせいでこんな行動をしているのでは……と考えてみる必要があります。それによって、相手に対する見方も変わり、対応も違ってくるはずなのです。

第4章　承認不安を緩和し、心の病を癒す方法

†承認不安シンドロームに解決法はあるのか？

　ここまで、承認不安から生じる苦しみ、葛藤、心の病について論じてきました。そして承認不安に関わる言動、身体反応などの症状は、もともとの原因が承認不安ではない病においても現れることがわかりました。身体の病や不安においても、あるいは脳の障害や、認知、コミュニケーションの障害においても、承認不安は顔をのぞかせ、やがて大きく広がっていきます。

　承認不安シンドロームとは、こうした承認への不安による諸反応のことであり、それも適切な不安回避の反応ではなく、不合理で不適切な防衛反応です。そのため不安は解消されませんし、それどころか不安で頭が一杯になり、その解決に向けて過剰な努力（防衛反応）をし続けた結果、自由の実感を失ってしまいます。本当の自分を見失い、自己不全感

に悩まされ、過剰な防衛的行動に疲弊しきってしまうのです。

現代社会は承認不安シンドロームの蔓延した社会であり、多くの人がこの状態に苦しんでいますが、いったいどうすればこの苦しみを解消することができるのでしょうか?

この問題を考える上で欠かせないのは、そもそも人間は何を求め、また何を怖れているのか、という人間のあり方に対する本質的な理解です。この点がはっきりしなければ、どうすれば不安を解消して満足できるのか、なにが幸せな人生を保証するのか、その方向性も見えてきません。

これは心の治療についても言えることです。優れた心理的治療のパイオニアたちは、独自の人間論をもっていました。フロイトは性欲と道徳心の葛藤を、アドラーは優越性への欲求を、ユングやロジャーズは「真の自己」の発見を、フランクルは意味への意志を、それぞれ人間論の中心に据えていたのです。

彼らは自らの人間論にもとづいて心の治療を考えていましたが、それぞれの学派によって人間論は異なっているため、お互いに批判し合ってきました。多種多様な心理療法の理論対立が一向に解消されないのも、こうした事情があったからなのです。

しかも価値観が多様化した今日においては、人間はそれぞれ異なった存在なのだから、人間論が多様であるのは当然だ、という見方が優勢になりつつあります。そもそも人間がどのような存在なのかは主観的な価値の問題であり、科学的に証明できることではないのです。こうしたことから、今日では症状の除去のみに焦点を当てた、人間論なき心理的治療が増えています。

しかし、心の病における症状の多くは不安への防衛反応であり、症状を除去することは、この防衛手段を奪うことでもあります。患者が妄想を作り上げることで、不安から心を守っている場合、妄想を薬で抑えれば、不安が再び襲ってくるでしょう。とすれば、症状がなくなったからといって、はたしてそれだけで治ったと言えるでしょうか？

大事なのは、患者にとって何が本当に必要なのか、何がその人の幸せなのか、それを考えた上で治療をすることです。そう考えると、やはり人間論は欠かせません。それがなければ、心の治療は方向性を見失ってしまうでしょう。それも検証し得ないような仮説としての人間論ではなく、誰もが共通了解できるような、人間存在の本質を捉えた人間論、すなわち人間性の本質論が必要なのです。

†現象学的視点による人間論

すでに私たちは、人間の欲望と不安の本質について、現象学の観点から見てきましたが、そこに浮かび上がってきたのは、自由と承認、自己価値を求める人間のあり方でした。

幼い頃に得た親和的承認は、やがて「したい」という主体的な意欲を生み、それと同時に、自分の行為に対する承認のよろこびを知ります。この承認を介して、私たちは自己の存在価値を求めるようになり、自らの生き方、生きる意味を模索するのです。しかしその過程において、私たちは自由と承認の葛藤に直面するでしょう。承認不安に苦しみつつ、自己価値の承認のために自由を犠牲にすることもあれば、自由のために承認を断念することもあるのです。

こうした現象学的な人間性の本質論から、これまでの心の治療の領域における人間論も整理することができます。

たとえば、自分の存在価値を確信するには他人より優越していること、周囲の人から認められることが必要になります。アドラーの人間論において、「優越性への欲望」が重視されるのはそのためです。また、フランクルの人間論では「生きる意味」が重視されていますが、「生きる意味」を感じるには、自分のあり方や行為に価値が感じられなければなりません。だからこそ、自分という存在を認められたいと思い、承認不安を抱くようになるのです。

一方、人間には自由でありたいという欲望もありますが、承認欲望があるために、自由と承認の葛藤が生じます。自由にふるまえば、承認されない可能性もあるからです。フロイトは性的欲望と道徳心の葛藤に焦点を当て、性的欲望を重視したことで批判を受けていますが、これを自由と承認の葛藤として捉えれば、決して奇異な理論ではありません。

また、自由の抑圧は自分の本心を隠し、がまんすることでもあります。そうして偽りの自分ばかり演じていると、自分の本音（本当の自分）に気づけなくなり、自由を感じることができなくなります。そこでユングやロジャーズの人間論では、人は「真の自己」を求めるものだとされ、その発見こそが治療の目標にされています。

このように、一見、ばらばらに見えるフロイトやアドラー、ユング、ロジャーズの人間論も、自由と承認への欲望と葛藤、という視点から捉えなおせば、それほど矛盾しているわけではありません。それぞれの観点から人間の欲望を言い当てていますし、不必要な仮説をもちこまず、お互いの主張の本質をしっかり把握できていれば、本来、理論対立する必要はないのです。

ただし、人間の欲望のどこに焦点を当てるかによって、治療の目標も変わってきます。承認への欲望を優先すれば、社会に承認されるために社会適応が治療目標になるでしょう。しかし、自由への欲望を優先すれば、過剰な社会適応はやめて本当の自分を大事にし、自由に行動できることが治癒のメルクマールとなります。こうして、心の治療論の対立が顕在化するのです。

これは、自由を中心とした心理療法、承認を中心とした心理療法の、どちらか一方だけが正しいわけではありません。人間は自由と承認のどちらも求めているからです。私たちはもっと人間の存在本質を深く理解し、その上でどうすべきなのかを考えていく必要があると思います。

自由をとるか、承認をとるか

近年、承認不安の高まりは誰もが認めるところとなっています。そのため、承認不安をいかにして解決すべきか、多くの人が探し求めているのですが、やはり承認への欲望を満たすか、自由への欲望を満たすかで、その対処法は異なっています。

承認への欲望を優先する対処法でよくあるのは、「コミュニケーション・スキルを磨く」というものです。コミュニケーションの上手い人は、周囲の人々の受けもよく、好印象をもたれやすいため、「受け入れられている」「認められている」と感じる機会が多いはずです。

そもそも現代社会は第三次産業が中心で、コミュニケーション能力が仕事の評価に直結しやすい面がありますので、この力があれば承認を得る可能性は確実に高くなります。逆にコミュニケーションが苦手な人には、かなり生きにくい世の中だと言えるでしょう。発達障害と呼ばれる人が増えているように見えるのも、高いコミュニケーション能力を求められる社会だからこそ、目立ってしまうのかもしれません。しかも日本では、場の空気を読んだ発言や婉曲な表現が重んじられるため、より一層、コミュ力が承認の行方を左右してしまうのです。

ただ、コミュニケーション能力を高めることが承認の可能性を拡げてくれるのは確かですが、過剰にコミュニケーションに気をつかい、自分の言いたいことまで抑制するようになると、自由を感じることはできなくなります。

自分の気持ちに正直で、ごく自然にふるまっているのに好感をもたれる、ということなら問題はありません。しかし、誰もがそうできるわけではなく、周囲に同調し、過剰に場の空気を読み、自分の本音を抑えることでしかコミュニケーションを乗り切れない人は、自由を失い、自己不全感を抱くようになるでしょう。

一方、自由を優先する場合には、「承認を求めずに自分のやりたいことをやる」という態度に徹するやり方があります。もちろん、好き勝手にやるだけでは周囲の批判は避けられないので、常識をふまえた範囲で、自分のしたいことを優先するのです。

しかし、他人の承認を気にしないですませるためには、自分なりの信念、価値観を信じ、自己承認できなければ難しいと思います。それが独善的自己承認によるものならば、周囲の承認は得られないため、やがて耐えきれなくなり、承認不安が再び募る可能性は高いでしょう。

そもそも承認不安の強い人は、周囲の目など気にするな、自分のしたいこと、すべきことをすればよい、と助言したところで、「それができるくらいなら苦労はしない」と思うはずです。また、幼い頃から承認不安を抱えてきた人は、自分のしたいことを思う存分にした経験が乏しいため、自分がなにをしたいのか、なにをすべきなのか、よくわからないかもしれません。

以上のように、コミュニケーション力をつける、承認にこだわらず「したい」ことを優先する、といったような方法は、承認不安の強い人、承認不安シンドロームが顕著な人には困難であり、コミュ力がついたとしても、自由を犠牲にして苦しくなる可能性が高いと思います。かといって、承認を捨てて自由を優先することもできません。

自由と承認のどちらかを優先して他方を犠牲にする、というやり方にも疑問を感じます。自由と承認の葛藤を超えて、自由でありかつ承認の得られる可能性はないのでしょうか。どのようにすれば、承認不安シンドロームを解決する道が見えてくるのでしょうか？

†〝自由の条件〟としての自己了解

自由という言葉を聞くと、拘束や義務から身体や感情を解放し、気分のおもむくままに行動できること、というイメージを思い浮かべる人も多いと思います。しかし、気分のおもむくまま、衝動的に行動することは、当然、失敗も多く、後悔することになりやすいものです。

外から見れば、自由気ままに行動しているように見えても、本人は自分の衝動を抑えられない、やめようと思ってもやめられない、と感じているかもしれません。それはつまり、自分の思いどおりに行動できないという意味で、きわめて不自由な状況にあると言えるでしょう。

自由を感じるためには、自分の衝動をコントロールできること、自分が本当はどうしたいのか、欲望を自覚できることが必要です。その上で、自分で決めたのだから後悔はない、というように、納得して行動できなければなりません。

しかし、あまりに不安が大きい人は、日々の生活が不安の指し示す危険の回避で精一杯になり、自分の欲望を満たすための行動をとる余裕などありません。特に承認不安シンドロームの場合、周囲の人間への配慮ゆえに自分の欲望を過度に抑制してしまい、強い自己不全感に陥りやすいでしょう。そして、そのような生活が長期に渡って繰り返されると、相手に合わせるのがあたり前になってしまい、自分が本当にしたいことはなんなのか、意識することも少なくなります。その結果、いざ相手に「自由にしてもよい」と言われても、どうすればよいのかわからず、困惑してしまうようになるのです。

これはいわば、自己了解ができていない状態と言えます。

すでに述べたように、自己了解ができるということは、自らの感情の動き、欲望を自覚できるということです。それができるためには、自分の気分に注意を向け、感情の動きをていねいに内省してみることが必要になります。感情は自分の本音を映し出す鏡であり、そこには本当の自分が映し出されているからです。

しかし、私たちは忙しすぎたり、不安で頭が一杯だったり、先入観や固定観念に囚われている場合、この鏡に映った自分に目を向ける余裕がなくなります。だからこそ、意識して自分の感情に注意を向け、心の声に耳を澄ます必要があるのです。

たとえば、いつも一緒にいる友だちとの会話のなかで、ムカムカした気分になったとします。それもはじめてのことではなく、最近は友だちが一方的にしゃべっていると、だんだん居心地の悪さを感じるようになっていたのです。このような場合、自分の感情を無視し、深く考えないようにしていると、徐々にストレスがたまり、もやもやした苦しみを感じるようになるでしょう。

しかし、こうした自分の気分に注意を向け、ていねいに心の内を探ってみれば、友だちの考えがまちがっている、ついていけない、という自分の本音に気づくかもしれません。それと同時に、友だちに嫌われたくない、という承認不安ゆえに、自分の気持ちに蓋をしていたことも見えてきます。

こうして自分の本当の気持ちに気づき、自己了解できると、どうすれば納得のいく行動がとれるのか、ちゃんと考えられるようになります。相手に同調するのをやめて、もう少し自分の意見を言うようにするかもしれないし、友だちと少し距離をとる、という選択をするやり方もあり得ます。

もちろん、それがうまくいくとはかぎりません。ときには裏目に出て、失敗した、と思う場合もあると思います。しかし、よく考えた上で決めたことであれば、後悔することは少ないはずです。

このように、自分がしたいことを自覚し、納得して行動することこそ、自由の感覚につながっています。自己了解は自由に生きる上で不可欠なものであり、自己了解するためには、自分の感情の動きに注意を向け、そこにある不安や欲望を真摯に受け止める必要があるのです。

しかし、私たちが感情に注意を向けるとき、「したい」という欲望だけでなく、「しなければならない」という当為、義務の感情に気づかされることも少なくありません。

思春期において、一緒にいる仲間たちが同級生の悪口を言いはじめ、自分も同調して悪口を言わなければならない雰囲気になったとします。このとき、自分の中にあるいやな気分に気づいていますし、「悪口は言いたくない」という欲望は自覚しているため、一応、自己了解はできています。しかし、その一方で「仲間にあわせなければならない」と感じているのも事実なので、ただちに「悪口を言わない」という選択をすることができません。この「相手にあわせなければならない」という義務感こそ、同調行動を促しているものなのです。

このように、欲望と義務感の両方を自覚し、自己了解ができた段階では、心のなかに葛藤があることには気づけても、どうすればいいのかをただちに決めることはできません。「仲間に同調せねばならない」理由がはっきりしなければ、納得のいく決断はできないからです。

そこで自分の中にある「相手にあわせなければならない」という義務感の正体を探るた

め、いま一度、自分の内面に注意を向け、いつ頃からそう感じるようになったのか、そこを考えてみなければなりません。それはごく最近のことなのか、もっと前からなのか。あるいは、いまの仲間以外の人たちにも感じることなのか……。

このように自己分析を進めていくと、以前、仲間の一人に異論を唱えたことで、かなり気まずくなり、仲間たちからしばらく口をきいてもらえなくなった、という出来事を思い出したとします。思えばそれ以来、仲間との会話のなかで異論をはさむことがなくなり、仲間に認められるために、必要以上に同調するようになっていたのです。

しかし、冷静に考えてみると、以前、けんかになったときは、自分も少し配慮が足りなかったし、あの後、仲直りはしたわけなので、いま、必要以上に相手にあわせなくても大丈夫のような気もします。そして、もう少し自分の本音を出してもいいはずだと納得できたなら、それに従って行動してみればよいのです。

違うパターンも考えてみましょう。自己分析しても、仲間との関係がこじれたことは過去になく、なぜ自分が「相手にあわせなければならない」と感じてしまうのか、すぐには思い当たらないとしたら、現在の人間関係だけでなく、過去における他の人間関係にも眼を向けなければなりません。他の友だち関係でも同じようなことをしてこなかったかどうか。親子関係はどうだったのか。過去にさかのぼり、自己分析を深めていくのです。

すると、仲間以外の人間関係においても、やはり自分の意見を言わず、同調してしまう傾向が強かったことに気づいたとします。つまり、いまの仲間だけに同調してしまうのではなく、どんな相手でも同調しがちなのです。――では、それはいつ頃からなのか？

さらに過去を内省していくと、次のことが思い出されたとしましょう。

昔から家でも父親に同調し、あまり意見を言わなかったこと。幼い頃から父親は厳しく、要求に逆らうと叱責され、反論は許さない、といった態度だったこと。自分が意見を言おうとすると、即座に遮られ、批判ばかりされ、思い切って反論したときは、しばらく口をきいてもらえなかったこと……。また、母親も父親の顔色をうかがい、まったく逆らったりせず、父親の意見には同調を示していたこと。自分が父親に逆らおうとしたときも、母親が制止し、同調するように促したこと……。

ここまで分析すると、問題の根幹が見えてきます。

おそらく父親との関係から強い承認不安を感じるようになり、父親に対して意見を言わず、同調しておくほうが得策と感じるようになってしまったのでしょう。そうした態度を繰り返しているうちに、「自分の意見は抑え、他人の意見にあわせなければならない」という自己ルールを作ってしまったにちがいありません。

この自己ルールは、母親が自分の味方になり、父親に逆らうことを容認していれば、形

1　自分の心の動き、気分を注意深く見つめる（気分は本心の現れ）

↓

2　「したい」（欲望）「こわい」（不安）が浮かび上がってくる（自己了解）

↓

3　「したいのにできない、こわい」のはなぜか、考える

↓

4　自己ルールを自覚（したいけど、○○しなければ、嫌われる）

↓

5　自己ルールの分析（過去の人間関係、出来事を振り返る）
……　母の過剰な期待、父の理不尽な命令、歪んだ友達関係、事故・事件

↓

6　自己ルールが歪んでいれば修正する

自己分析のプロセス

成されなかった可能性もあります。また、安心して意見を言い合える友だちと出会っていれば、修正できる可能性もあったかもしれません。しかし、学校の友だちも難しい子が多かったため、むしろ承認不安は大きくなり、自己ルールは強化されてしまいました。それでいつしか、自分の意見を言うことをあきらめてしまい、自分の意見など取るに足りない、と感じるようになったのです。

こうして歪んだ自己ルールが形成された理由が判明し、これまでの自分の思考と行動のパターンがわかってきたら、自己ルールの歪みが苦しみの原因だと納得し、自己ルールを変えようと思うでしょう。

もちろん、長年にわたって続けてきた考

え方や行動パターンを変えるのは、決して簡単ではありません。習慣化し、あたり前になっている行動を変えるのは、誰でも難しいものです。それでも、自己了解は自由への道の第一歩であり、変わりたい、という思いが自覚できれば、少しずつ道は開かれるはずなのです。

†承認の回復と他者関係

承認不安を克服し、自由に生きるために、自己分析の方法を示してきましたが、それは自分の感情から承認不安、欲望、義務感に気づき（自己了解）、さらに自己ルールの分析をとおして不安の原因を突きとめ、自己ルールの歪み、行動を見直していく、という方法でした。

しかし、承認不安がかなり強ければ、やはりそう簡単にはいきません。承認不安を緩和しなければ、不安の大きさゆえに冷静さを失い、公平に自己を見つめることができないからです。それどころか不安を気にしすぎて悪循環に陥り、ますます不安が増幅する場合さえあるでしょう。そうなると、自己ルールを変える以前に、そもそも自己了解そのものができないのです。

仮に自己了解によって承認不安を自覚できたとしても、歪んだ自己ルールを変えることは、かなりの勇気がいります。なぜなら、その自己ルールは承認に関わる危険を避けるためにあるからです。自己ルールを否定し、行動を変えるということは、いわば承認されない危険に身をさらすようなものですから、すぐには受け入れることができません。そんなことをしようとすれば、強い承認不安が喚起されて、無意識にブレーキがかかるでしょう。

したがって強い承認不安がある場合、自己了解、自己ルールの分析をするためには、まず承認不安の緩和が必要であり、そのためには誰かの協力が必要になります。信頼できる人、親密な関係にある人が共感的に話を聞き、親和的承認を与えることができれば、その安心感のなかで自己了解が生じ、自己分析も進展するはずです。

家族や親友、恋人、先生など、信頼できる人に悩みを聞いてもらい、いろいろ話しているうちに自分の本当の気持ちに気づく、といった経験のある人は、おそらく少なくないでしょう。安心できる雰囲気のなかで、自分の気持ちや思いを伝えていると、そして相手もそれに共感を示し、その人なりの理解を真剣に言葉で返してくれると、次第に自分の言いたかったこと、本当に感じていることがクリアになってきます。自分の気持ちや考えがよくわからないまま、言葉を紡いで相手にぶつけているうちに、自分の気持ちがはっきりしてきたり、自分が言いたかったことの意味が自覚されてくるのです。

この人なら「ありのままの自分」を受け入れ、自分の弱さや悪い点をさらけだしても、ちゃんと受けとめてくれる、という安心感があれば、これを言えば嫌われるかもしれない、批判されるかもしれない、といった承認不安を抱くことなく、感じたままを言葉にすることができます。この安心感は親和的承認によるものなのです。

親和的承認は存在そのものが受容される「存在の承認」でもあり、この経験が乏しい人ほど、「行為の承認」に執着し、ありのままの自分では受け入れられない、と感じるようになります。自分の欲望は封印し、がんばって相手の承認を得なければならない、という自己ルールを作り上げてしまうのです。

それが勉強やスポーツ、仕事に励むことにつながるなら、まだ満足の得られる結果になる可能性もあります。努力した結果、称賛されるようになり、一定の満足が得られるかもしれません。しかし、過剰に場の空気を読み、忖度し、相手の機嫌をとろうとする態度に執着するなら、次第に自己不全感、自由の喪失感が強まり、日々の生活が苦しくなってくるでしょう。まして、承認を得るために歪んだ自己ルール、行動パターンを身につけてしまえば、事態はさらに悪化し、「心の病」になる場合もあるのです。

しかし、このような人たちでも、信頼できる親友との出会いや、尊敬できる先生との出会いが、親和的承認をもたらし、自己了解につながり、人生の転機をもたらす場合もあります。あるいは、家族がその役割を担ってくれるかもしれません。それによって、「ありのままの自分」を受け入れてくれる人がいる、という安心感が生まれ、自己了解が可能になるのです。

このように、家族や親友が真剣に話を聞き、共感してくれれば、あるがままの自分が認められていることを実感し、自信を取り戻すことができます。その人がこちらの言葉、感情をうまく受けとめてくれるなら、自分の感情に対する気づきが、つまり自己了解が生じてくるはずです。そのとき、歪んだ自己ルールの存在にも気づくことができるなら、その人と一緒に自己ルールが形成された原因を考え、分析してみればよいのです。

†承認不安シンドロームの治療法

承認不安が他人によって生じる以上、その不安も他人の承認によって解消される可能性があるのは当然です。信頼できる人の親和的承認があれば、承認不安は緩和され、自己了解、自己分析が進展するでしょう。すると、自己ルールの修正にともなって不安はさらに解消され、自由に生きるための道が開かれるのです。

しかし、周囲に信頼できる人がいない、親密な人も少ない、という人もいると思います。信頼できる人、仲のよい人がいたとしても、その相手がうまく感情を受けとめ、自己了解を促してくれるとはかぎりません。素直ないい人であっても、そうしたコミュニケーショ

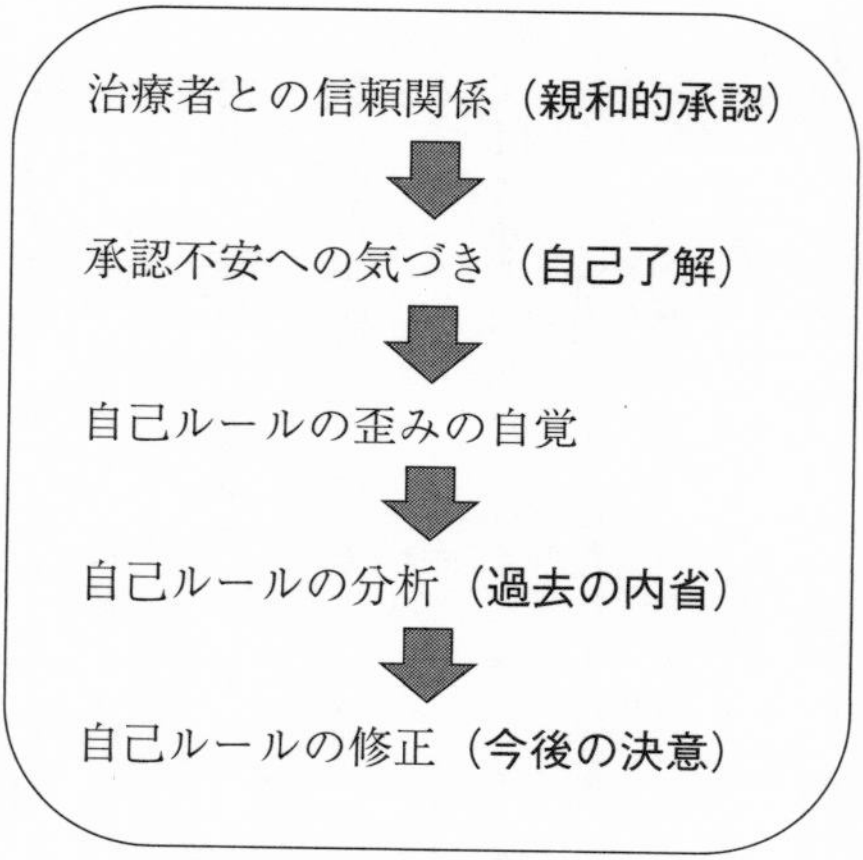

承認不安シンドロームの解決法

ンがうまくない人はたくさんいます。まして、身体症状や強迫的な言動、歪んだ思考が見られるようであれば、つまり心の病と言えるほど承認不安シンドロームが顕著であれば、一般の人が対処することは難しくなります。

そこで、精神科医、セラピスト、といった心の専門家が必要になるわけですが、彼らはいったい、どのような治療をしているのでしょうか？

まず多くの精神科医が薬物療法を中心に治療をしています。不安に効くのは抗不安薬なので、承認不安に対しても有効でしょう。過大な不安が誤った危険回避行動、身体症状を引き起こすことも多いので、緊急の時は抗不安薬が有効です。また、不安への危険回避行動に失敗して抑うつ状態に至った場合には、抗うつ薬も必要になります。

しかし、薬は対症療法ですから、承認不安を一時的に緩和する力はあっても、承認不安の根源にある考え方、長期にわたって形成された自己ルールを変えることはできません。劣悪な環境下でストレスにさらされ、一時的に強い承認不安が生じた場合には、自己ルールの歪みが少なければ、薬だけで治る可能性も十分にあります。ですが、長年にわたって形成された自己ルールの歪みが大きい場合には、自己了解と自己ルールの修正が必要です。

薬の力だけで治ったように見える場合でも、正確に言えば、薬によって不安が緩和されたことで、自己了解の力を取り戻して治った可能性もありますし、薬の処方の過程で治療者との間に信頼関係が築かれ、診療中の対話が親和的承認を感じさせ、自己了解、自己ルールの修正につながる場合もあると思います。

このように、治療者の親和的承認をベースにして自己了解が生じ、自己ルールの修正が進展する、というプロセスこそ、承認不安シンドロームの治療において最も重要なことなのです。

†サイコセラピーの実践

ところで、世の中には心理療法が何百種類も存在し、精神科医や臨床心理士は自分の得意とする心理療法を行っています。それは一見、ばらばらなやり方に見えますが、これも現象学的な視点から本質を考えれば、ある共通点が見えてきます。それこそまさに、親和的承認による自己了解、そして自己ルールの修正なのです。

代表的な心理療法の例を挙げながら説明してみましょう。

まず精神分析の場合ですが、この治療法では「無意識を解釈することで治療効果がある」とされています。なぜそれで治るのかは、フロイトをはじめ、精神分析の文献にはほとんど記されていません。しかし、「無意識」の本質を現象学的に考えてみると、それは自己了解であることがわかります。日常生活において自分の無意識を確信する経験は、無自覚だった自分の本音に気づくという経験であり、まさに自己了解そのものなのです。

特に近年の精神分析では治療関係、共感性が重視されるようになっており、無意識の解釈を受け入れるためには、治療者との信頼関係が重要だと認識されています。おそらく、この信頼関係が親和的承認をもたらし、自己了解を促しているのでしょう。

また、現代のカウンセリングに絶大な影響を与えたロジャーズも、クライエント（患者）の話を共感的に傾聴すること、どんな内容の話でも否定せずに受け止めることを重視しました。これが親和的承認を感じさせることは言うまでもありません。彼の開発したクライエント中心療法では、このような態度で話を聞くことにより、気づかなかった感情、本当の自分を自覚させるものですが、これはつまり、自己了解を生じさせることと同じです。

その際、セラピストは自分の感じたことを自覚し、嘘偽りのない態度で対応すること、矛盾した言動をしないことが必要になる、とロジャーズは述べています。彼はこれを「自己一致」と呼んでいますが、それは自分の気持ちに気づいていること（自己了解）が前提となります。つまり、自己了解できている人ほど、他人の自己了解を促す可能性があり、私たちが日常の中で出会う、自分の気持ちを気づかせてくれる人たちも、その人たち自身がしっかり自己了解できている可能性が高いのです。

最後に、現在、最も使われている心理療法である認知行動療法についても触れておきます。これは認知の歪み（不合理な考え方）を修正し、それと同時に、歪んだ認知に基づく行動も修正する、という技法です。

たとえば「つねに他人の意見に従わねばならない」という思考の持ち主は、いつも相手の無理な要求やひどい命令に逆らえず、かなり苦しい日々を送らざるを得ません。そのストレスから心身ともに疲弊し、ついに抑うつ状態になったとします。この場合、抗うつ薬でうつ状態は緩和できますが、薬で認知の歪みは治らないため、根本的な解決にはいたりません。そこで認知行動療法では、患者の思考が不合理なものであることを悟らせ、認知の歪みを自覚させるのです。そして、学習理論などを用いて、他人に従ってしまう行動のくせをなおすように訓練します。

このように、認知と行動の歪みを修正するのが認知行動療法ですが、認知の歪みを自覚することは自己了解と同じであり、歪んだ認知と歪んだ自己ルールは直結していますので、この技法の本質も自己了解と自己ルールの修正にあることがわかります。

以上の三つの心理療法は、数多ある心理療法の中でも代表的なものであり、現在のほとんどの心理療法は、これらの理論、技法の影響を強く受けています。したがって、親和的承認を介した自己了解、自己ルールの修正は、他の多くの心理療法にも見出すことができるでしょう。

もう一度整理すると、治療者との信頼関係、共感によって親和的承認が与えられ、その安心感のなかで自己了解が生じます。自己了解は「知らなかった自分を知ること」なので、治療現場では「無意識を認識できた」とか「本当の自分を発見した」などと言われますが、いずれにせよ、自分の欲望や不安、自己ルールの歪みを自覚できれば、今度は自己ルールを修正することができます。ただ、考え方の歪みは自覚できても、習慣化した行動は一朝一夕に修正できませんので、同じことを繰り返す度に、何度も治療者が指摘したり、行動を変えられるように訓練する必要があるのです。

こうした原理は多くの心の病の治療に適用できますが、承認不安が中心にある病の場合は特に有効と言えます。どのような治療法であれ、親和的承認を介した自己了解、自己ルールの修正を含んだやり方は、承認不安シンドロームを解決する上で効果があるのです。

†承認不安からの自由

強い承認不安があると、周囲に対して過剰に同調したり、歪んだ自己ルールに従属し、自由に行動することができません。あるいは、不安が大きいために冷静な判断、納得できる行動ができず、自由を感じることができなくなります。自由の喪失こそが承認不安シンドロームの特質なのです。

実際には適度に自由に行動しても、たいていの場合は周囲も認めてくれます。むしろ、承認不安から過度に同調したり、歪んだ自己ルールに従っているほうが不自然で、偽りの態度に見える場合もありますから、かえって周囲から認められないことが多いぐらいです。自己了解によって自分の本当の気持ちを自覚し、自分の思考や行動を見直すことができれば、事態は必ず改善されると思います。

自己を内省し、自己分析を行うのは、承認不安のないとき、心が落ち着いているときがよいでしょう。そうでなければ、過剰な自意識がかえって事態を悪化させてしまいます。

人が集まっている場所で、なにか発言しなければならず、自分の言ったことがどう評価されるのか、気になりはじめたとします。承認不安が生まれ、動揺しはじめるのです。このとき、不安になっている自分を意識しすぎれば、不安な自分を周囲に悟られたくない、という気持ちから、ますます不安になってしまいます。自己を内省することが自己了解をもたらすどころか、逆に焦りと混乱をもたらすのです。こうなると、動悸は激しくなり、汗はどんどん流れ出ます。強すぎる自意識によって、「不安に対する不安」が生じ、悪循環に陥ってしまうのです。

こうした不安の悪循環に対して、精神科医のフランクルは「反省除去」という治療法を用いています。フランクルによれば、「過剰反省」と呼ばれている過度の注意も（病気の原因になるという意味で）病原的である」（『意味による癒し』）ため、過度の注意や反省、自己観察はやめたほうがよいそうです。これは、自分自身に対して過剰に注意を向けることをやめ、それによって不安の悪循環を食い止めるやり方と言えます。

確かに、過剰な自意識の暴走を止めるには、自分への注意を別のことに逸らし、そちらに注意を注いだほうがいいかもしれません。この例でも、不安になっている自分に注意を向け続けた結果、ますます不安が増大し、パニックに陥ってしまったのです。フランクルの「反省除去」の方法に従うなら、自分がどう見られているのか気になっても、できるだけそのことを考えず、目の前の作業に、この場合は発言することに注意を集中したほうがよいのです。

やるべきことに集中しているとき、私たちはそれをしている自分を意識していませんし、没頭した状態にあります。集中して仕事をしているとき、私たちは周囲のことなど目に入らないし、自分がどう見られているのかも気にしません。そういう没頭状態に入ることができれば、過剰な自意識と承認不安から逃れられるのです。

すでに幼児期の没頭体験について説明しましたが、それは自分の「したい」ことを大事にして欲望を拡げるだけでなく、過剰な自意識による自己観察、過剰反省を習慣化せず、集中するモードにスイッチを入れる訓練にもなっています。

逆に、幼少期から周囲の要求や期待が大きすぎて、あまり「したい」ことに没頭できず、他人の目ばかり気にするようになったとすれば、過度の自意識をもつようになるでしょう。幼い頃から承認不安が強い人にとって、自分がどう見られているのかを気にすることは、悪しき習慣になっていますので、注意を向け変えること、過剰反省をやめること自体が難しいのです。また、過去の体験を内省し、自己分析してみても、自分一人ではなかなかうまくいかないと思います。

こういう人たちの場合、自力で自己了解することが難しいので、誰かの協力が必要になります。彼らは承認不安が強すぎるがゆえに、自由に行動してもよい、と頭ではわかっていても、自由にふるまう自分、あるがままの自分が認められる自信がないため、本当の自分と向き合うことにブレーキがかかってしまいます。だからこそ、「この人なら、自由に行動しても私を許してくれる、ありのままの私を認めてくれる」という相手が必要になるのです。

信頼できる人が話を聞き、共感を示してくれることは、こうした承認を感じさせてくれます。それは親友かもしれませんし、家族、恋人かもしれません。身近に信頼できる人がいなければ、専門家に相談することも可能です。特に承認不安シンドロームが心の病と言えるほど生活に支障をきたしている場合、心の専門家の知識や臨床経験が大いに役立つはずなのです。

Ⅲ

「認められたい」を認め合う社会

多様化する自由な社会

周囲の人々に認められるためには、彼らにとって価値のある行為が必要であり、その行為の基準となる価値観を理解していなければなりません。しかし、価値観が多様化した現代では、統一的な価値基準がなくなっているため、多くの人が、どのような行動に価値があるのかがわからず、認められるための指針を見出せないでいます。

見知らぬ土地で地図を失った旅人は、進むべき方向を見失い、不安なままさまようしかありません。道しるべとなるものを必死で探し、行動の指針を見出そうとするのですが、慣れない土地ではそれも難しいでしょう。そこで、たまたま出会ったその土地の人間に道を尋ね、それに従って行動します。その土地の人間が正しいという保証はありませんが、不安を解消するには、相手の言葉を信じる以外に道はないのです。

現代に生きる多くの人々もまた、この旅人のように、認められるための基準、指針を見出せないため、身近な人々の言葉を頼りにしています。家庭や学校、職場などにおいて、自分が最も出会う頻度の高い人々、身近な人々の言動を注意深く観察し、顔色をうかがい、彼らの気に入る行動、彼らに嫌われない行動を心がけるのです。

場の空気を読む、忖度する、といった行動様式が一般化し、世の中で常識化されているのも、こうした身近な人々に対する承認不安に起因しています。いまや世間の価値観では、場の空気を読める人間ほど高く評価されるのです。

ただ、日本の社会ではもともと身近な人々の承認に左右されやすい面がありました。卓抜な日本研究で知られるルース・ベネディクトは、「日本人は、至上命令とか黄金律のたぐいに訴えることはしない。良しとされる行動は、行動の場となる領域に左右される」(『菊と刀』)と言っています。また、欧米人が内面的な罪の意識から行動するのに対し、日本人は周囲の人々に対する恥の意識から行動する、とも述べています。「恥は周囲の人々の批判に対する反応」であり、日本人はキリスト教のような明確な価値基準を持たず、周囲の人々の反応次第で行動を決めている、というわけです。

中根千枝《ちえ》の名著『タテ社会の人間関係』にも、「日本においては、どんなに一定の主義・思想を錦の御旗としている集団でも、その集団の命は「その主義(思想)自体に個人が忠実である」ことではなく、むしろお互いの人間関係自体にある」(『タテ社会の人間関係』)と書いてあります。日本人は「ウチ」「ヨソ」の意識が強く、身近な人間関係である「ウチ」の人間には過剰に気をつかうのに、「ヨソ」者には冷たい態度をとる、というのです。

『菊と刀』も『タテ社会の人間関係』も五十年以上前に書かれているという事実は、日本ではもともと身近な人間の承認を過剰に気にする傾向があることを示しています。現在では、かつてほど世間の承認を過剰に気にする必要はありませんが、それでも強い承認不安から、より身近な小さな人間関係の承認ばかりを気にするようになっています。

コロナウイルスの影響により、世界中が自粛、リモート、マスクの着用を義務づけられたとき、多くの日本人は律義にそうした行動を遂行しました。真夏の汗ばむ日も、さほど人が集まっていない道端でもマスクを着用し、たまにはめをはずした人たちを目にすると、厳しい攻撃的な批判が飛び交います。これは、衛生観念が高いから、というだけではなく、承認不安が強く、身近な人々に同調する文化が根づいているという、あまり嬉しくない理由からそうしている面もあるのです。

いずれにせよ、日本では価値観の多様化にともない、身近な人々の承認を過剰なまでに気にした行動に拍車がかかっています。しかも、かつてほど世間の価値観も信頼できず、自分なりの価値観に従って生きるべきだ、という考えを持つ人も少なくありません。だから余計に自由と承認が葛藤し、苦しんでいるのです。

いったいなぜこのような状況になったのでしょうか。今度は欧米の歴史に目を向け、もう一度、時代の流れを追いながら整理し、現在の社会状況について考えてみましょう。

†近代社会のアイデンティティ

すでに述べたように、近代以前の価値観が一元化された世界では、その価値基準に沿った行動しか許されなかったため、自由に行動することはできませんでした。しかし、その価値観に合わせて行動していれば、周囲から認められ、自分の価値を見出すことができます。特に宗教的価値観の影響は大きく、ヨーロッパにおけるキリスト教、中東地域のイスラム教、インドのヒンズー教など、宗教は古代からその社会の行動の価値をはかる重要な基準だったのです。

しかし科学の発達とともに、こうした宗教的な価値観の絶対性はゆらぎ、それと同時に、人間は自由に生きる権利がある、という考え方が生まれました。啓蒙思想の広がりとともに、自由に生きられる社会が構想され、世界は徐々に「自由な社会」を理想とするようになったのです。

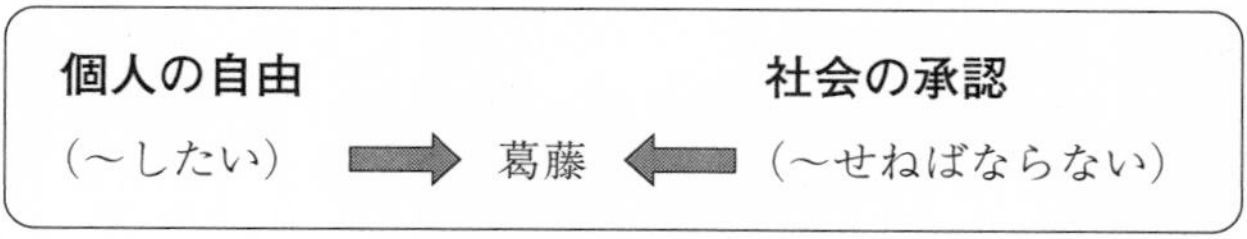

個人と社会の葛藤

こうして、フランス革命やアメリカ独立戦争などの市民革命がおこり、旧世界が打倒されていきました。そして、絶対的な権威や価値観がゆらぎ、個人の価値観、個人の自由を尊重する民主主義の社会が生まれます。これが近代社会の幕開けでした。

とはいえ、近代になっても最初は伝統的価値観が根強く残っていましたので、その価値観に反する考え方、新しい生き方を示せば、社会から批判され、自分勝手な利己主義と見なされました。制度的には自由な社会になりましたが、多くの人々の価値観は古いままだったのです。それも当然でしょう。自分の信じてきた古い価値観を否定すれば、アイデンティティがゆらぎ、強い承認不安に襲われるわけですから、新しい価値観や生き方を敵視する人が多かったのも無理はありません。

また、自由に生きようとする人も、なかなか自分の考えや生き方を認めてもらえないため、承認不安を抱かざるを得ませんでした。「個人の自由」と「社会の承認」が対立し、自由と承認の葛藤に悩まされる人が増えていったのです。

やがて二十世紀になると、科学技術の進歩、資本主義社会の発展、二度の世界大戦を経て、伝統的価値観は徐々に解体されていきます。そして、ライフスタイルは急速に変化し、多様な職業、多様な娯楽が増加し、誰もが自分の職業を自由に選び、自分なりの楽しみを見つけられるようになりました。新たな価値観が次々に現れては消える、そんな時代が幕を開けたのです。

こうして、自由に生きる可能性が本格的に整ってきたのですが、価値観の多様化にともなって、承認不安はますます大きくなりました。

社会は個人の自由を大幅に認めはじめ、社会に対する抑圧感、社会との葛藤は薄れましたし、多くの場面で自由に行動できるようになったのも事実ですが、今度は承認の基準となる社会の価値観が不透明になったので、どうすれば周囲に自分の価値を認めてもらえるのか、それがわからなくなってしまったのです。

承認不安はアイデンティティの不安とも密接に関係しています。

近代以前なら、共通の社会規範・価値観によってアイデンティティも明確でしたが、そうした大きな価値観がなくなると、私たちは根無し草のようになり、自分が何者なのかを自分で探し求めなければなりません。しかも、自由な社会であるはずなのに、「自分らしく生きろ」とか「個性が大事だ」などと言われながら、独自のアイデンティティを見出す必要性に迫られています。

哲学者のチャールズ・テイラーも、近代以前は「アイデンティティが、それとして主題化されるに値するほどの疑わしさを持たなかった」が、近代ではアイデンティティが他者との対話的な関係、承認に依存するようになったのだと述べています。「内面において生み出されるアイデンティティの理念の発展が承認に新たな重要性を付与するのは、このゆえである」（「承認をめぐる政治」『マルチカルチュラリズム』）というのです。

このように、現代は自分の固有性、独自性を他者に認めてもらわなければ、自分のアイデンティティがはっきりしない時代です。そのため、他人の目を気にし、周囲の評価に怯えるばかりで、なかなか自由に行動することができなくなっています。もはや私たちは、社会的な価値観に制約されず、社会の評価、承認をさほど怖れていないのですが、身のまわりにいる人々に対しては、強い承認不安を抱いているのです。

†承認不安が生み出す差別といじめ

認められるための価値基準を失った人々は、強い承認不安に煽られ、身近な人々の言動に左右され、同調行動に駆られやすくなりました。しかしそのような行為は、とりあえず批判を免れ、かりそめの承認を維持することはできても、自分の存在価値に自信をもつことはできません。

最初にこの傾向が強まるのは、小学校の高学年、中学生ぐらいの思春期です。この時期は自意識が高まり、自分の存在価値にも強い関心を向けるようになるため、承認不安に駆られた行動、空虚な承認ゲームが目立ってきます。まだ自分なりの信念も価値観もできていない時期なので自己承認も難しく、他人の承認に左右されやすいのです。

またこの時期は、勉強でもスポーツでも優劣を競う場面が多いため、自分の価値は他人より上なのか下なのか、やたら気にするようになります。成績、行いがよければ、大人に認められ、周囲の称賛を得ることができるのですが、そうでなければ承認不安、自己否定感が強くなるでしょう。

こうした承認不安から、他の子の価値を貶めることで、自分のほうが価値のある人間だと周囲に見せたがる子もいます。趣味のあう仲間とグループになり、他の子たちを見下したり、横暴な態度をとることで、自分の属するグループのほうが優れている、と思いたがるのです。

これは、職場でのいじめ、パワハラ、セクハラ、といった大人の問題とも無関係ではありません。令和元年に神戸で起きた教師間のいじめ問題も、承認不安から生じる権威者への過剰な忖度、そこにコミットしない人間へのいじめと差別、それによる自己価値の高揚感、といった視点で考えれば、事件の本質が見えてきます。

権威的人物におもねり、へつらい、自分より立場の弱い人間は蔑み、徹底的にいたぶる、という人間は、残念ながらどこにでもいます。そうした人間にとって、自分の属する閉鎖的人間関係だけが世界のすべてであり、その他の多様な価値観の世界に目を向けることはできません。彼らは自分の役割、価値が保証された世界の中で、上の人間に追従し、下の人間を蹴落とすことで、自己価値を守ろうとします。同じような人間が集まることで、自分の承認不安にも自己ルールの歪みにも気づかないまま、やがては犯罪にさえ手を染めてしまうのです。

神戸の事件に限らず、大人同士のいじめ問題はしばしば新聞紙上を賑わしています。いい大人が陰湿ないじめをして楽しいのか、やられるほうはなぜ逃げないのか、辞めたり訴えたりできないのか、不思議に思う人も多いでしょう。しかし、過去において、そういうやり方でしか自己価値を見出せなかった人間は、その思考と行動様式を大人になっても繰り返してしまうのです。

閉鎖的な小集団における忖度、同調行動、差別、ハラスメントは、承認の対象が身近な人々だけに向かい、多様な人々の承認を無視するようになったことを示しています。社会共通の価値観が曖昧になったため、社会の承認、見知らぬ人々の承認は、あまり気にならなくなっています。そのような人は、自分の属する集団の承認以外に興味はなく、身近な人々の価値観だけが重要だと思っているのです。

これは、価値観の多様化と個人主義が広まった結果でもあります。

本来、家族の価値観が反映された幼児期の自己ルールは、小学校などでさまざまな子に出会い、よその家の価値観や社会のルールを知ることで相対化され、修正されていくのが望ましいのですが、現在は、「よそはよそ、うちはうち」という考えが強く、似たような価値観の家族同士、友だち同士で固まりやすく、そうした身内の承認だけが重要になっています。その結果、自己ルールを自分なりに修正する力、多様な価値観を受容する感度が、育ちにくくなっているのです。

このような状態が長く続けば、身近な人間関係の価値観にしか目を向けなくなり、そこから脱け出せなくなるでしょう。その集団以外の考えや承認は目に入らないため、そこで承認されなければ、自分の存在価値は無に等しいとさえ感じられてしまいます。そのため、怯えながら同調する人もいれば、マウントをとったり、特定のメンバーをいじめることで、自分の価値が上だと錯覚する人もいます。

どれをとっても、承認不安がいびつな形で現れているのです。

†異質な存在への承認

ヘーゲルはお互いの自由を認め合うことを民主主義社会の基本原理に据えましたが、それは個人の生き方や考え方を認めあうということであり、価値観の多様化を肯定することを意味します。

また、個人の自由を認めるということは、その人がどのような価値観、ライフスタイルであっても受け入れるということ、あるがままの存在を承認するということです。これは「存在の承認」を与えることに他なりません。「存在の承認」に、価値のある行為をしたかどうかは関係ありません。その人がどのような行為をしようと、どのような考え方をしようと、他人の迷惑にならないかぎりは認める、ということなのです。

「存在の承認」の原型が親和的承認であることは、すでに述べてきたとおりです。私たちはここまで、家族、親友、恋人など、親密な関係における無条件の承認のことを親和的承認と呼び、きわめて重視してきました。その内実は、愛情に基づく存在そのものへの承認だったはずです。

しかし、「存在の承認」には親和的承認とは異なるものもあります。それは、人種や民族、生まれ、貧富、生き方が違っていても、あるいは高齢者、子ども、女性、障害者であっても、差別せず、その存在をありのまま認める場合です。

これは、民主主義の根幹をなす人権の承認であり、親密な関係ではない見知らぬ人々に

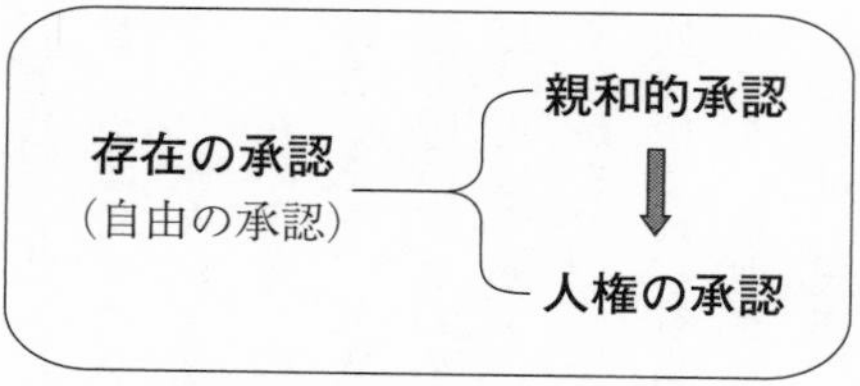

２つの「存在の承認」

対する「存在の承認」と言えるでしょう。

私たちは親密な人たちに対しては甘いし、無条件に認めてしまうところがあります。これに対して、見知らぬ人々、特に価値観の異なる人々に対しては、無関心であったり、否定的であったり、厳しい態度をとる人も少なくありません。価値観が異なれば、「行為の承認」の基準も異なり、異なる価値観を認めれば、自分の行為や存在を否定することにもなりかねない、そんな危機感があるからで、これも承認不安が生み出す異質な存在への嫌悪なのです。

また、価値観が異なるというより、価値ある行為が十分にできない状況にある人々、たとえば病気を患った人、障害者、後期高齢者、幼児など、一定のケアが必要な人々に対しても、同じ理由から差別をする人がいます。

この感情が危険な水域に入ると、許しがたい暴挙さえ生じます。障害者の存在そのものを否定し、役に立たない、有害というレッテルを貼り、命さえも無残に奪おうとするのです。

二〇一六年、知的障害者施設の津久井やまゆり園で起きた、無差別殺傷事件（相模原障害者施設殺傷事件）では、元施設職員の男が刃物で入所者十九人を殺害し、計二十六人に重軽傷を負わせています。犯人の植松死刑囚は、障害者には生きる価値がなく、社会にとって害悪だという優生思想を抱いており、「こいつらは生きていてもしょうがない」と犯行時に言い、その後の公判においても、「国の負担を減らすため、意思疎通をとれない人間は安楽死させるべきだ」と述べています。精神鑑定では自己愛パーソナリティ障害と診断されていますので、やはり根底にある強い承認不安により、他者を貶めることで自己価値を維持する、という心理があったのではないでしょうか。

また、植松死刑囚が影響を受けていたヒトラーは、ユダヤ人だけでなく、膨大な数の身体障害者、精神障害者、知的障害者を収容所に送って殺しています。その中には、登校拒否の児童や、労働をしない人間、同性愛者も含まれていました。これはＴ４作戦という優生思想に基づく政策ですが、まさにこれは「存在の承認」の完全な否定です。

今日のように、多様な人々が集う共生社会においては、外国人や高齢者が激増し、異文化間、世代間における価値観のギャップはますます大きくなりつつあります。また、患者、障害者との共生も、私たちの社会の重要な課題となっています。そうした中で、お互いに「存在の承認」を与え合うことは、もはや避けることのできない問題と言えるでしょう。

本人の意志や行為では変えられないような、出自、年齢、性別、障害などは、決して否定されるべきではありません。どんな肌の色であろうと、どんな思想や信仰、趣味、感受性を持っていようと、それだけで存在そのものが否定されるなど、あってはならないことなのです。

他人に対して意図的に迷惑をかけないかぎり、誰もが「存在の承認」を保証される必要があります。それは、「ありのままの存在」をお互いに認め合わなければ実現しないのです。

†「存在の承認」は自由の承認である

「存在の承認」が保証されれば、私たちは自由に生きることができます。あるがままの自分が否定されないのですから、それも当然のことでしょう。だから、「存在の承認」は自由の承認でもあるのです。そこに自由と承認の葛藤はありません。自由と承認の葛藤は、自由と「行為の承認」の葛藤であり、自由な行為に対する価値評価が問題になるときにのみ、顕在化するのです。

相互に自由を認め合い、「存在の承認」を保証し合うためには、一定のルールが必要になります。それは、個人の自由を侵害しないためのルールであり、他人に迷惑をかけない、傷つけない、といったような、誰もが納得できるようなルールでなければなりません。

このようなルールを措定するには、一定の価値基準を共有している必要があります。これは多様な価値観を認め合うことと矛盾するように思えるかもしれません。しかし、生き方や思想、信条、ライフスタイルなどの価値観が異なっていても、善悪に関わる価値については、必ず一定の共通了解が可能です。

たとえば、人間は自由を求める存在であり、他人の迷惑にならないかぎり、誰もそれを邪魔したり批判することはできない、困っている人、苦しんでいる人は助けるべきだ、といったような考え方、価値判断は、たとえ文化や生き方、思想・信条が異なっていても、ほとんどの人が納得するでしょう。こうした価値の共有に基づいたルールは、大勢の人が望んでいること、みんなの意志として共通了解されるはずなのです。

ルソーはこうしたみんなの意志のことを、「一般意志」と呼んでいます。民主主義社会の基本は、お互いの自由を尊重し、侵害しないためのルールを決めるところにあります。自由を守るためのルールがなければ、それぞれが自分勝手な自由を主張し、他人の自由や迷惑など考えずに行動し、社会は混乱してしまうでしょう。そのルールの基準となるのが「一般意志」なのです。

このようなルールの基本にある価値観の共有は、ただ自由を守り、「存在の承認」を保証するだけでなく、認められるための行為の価値基準を明確にし、「行為の承認」の可能性を広げてくれます。

他人に迷惑をかけないことは当然であり、ルールを守っただけなら、特に評価されることはありません。しかし、困っている人を助けたり、苦しんでいる人を慰めれば、相手に感謝され、周囲の人たちにも称賛されるでしょう。これは、倫理的な行為の価値が認められたわけですから、「行為の承認」が充足された状態です。

また、陰ながら誰かを助けた場合、相手はこちらの善意に気づかないし、周囲も知らないので誰もほめてくれません。しかし、自分でその行為の価値を理解していれば、「自分はよいことをしている、役立っている」と信じることができます。「どんな人でも〝よい行為〟だと認めるはずだ」と確信できれば、普遍的自己承認が得られるのです。

他者に対する「存在の承認」

1　人権の尊重（差別せず、自由を承認）

2　困っている人を援助（ケアを行う）

⇩

・周囲から「行為の承認」を得る

・普遍的自己承認ができる

他者へのケアによる承認

以上のことから、現代社会における「自由と承認の葛藤」の意味が見えてきます。

私たちの社会は民主主義の社会であり、自分なりの価値観で自由に生きることが認められています。お互いの多様なあり方を認め合うことで、自由を確保し、「存在の承認」を得ているのです。そこには自由と「存在の承認」（人権の承認）を保証するためのルールが設けられており、それは誰もが納得するような善悪の価値基準にもとづいています。当然ですが、この価値基準は、趣味や思想・宗教、生き方にまで口出しするようなものではなく、価値観の多様化や自由な生き方を否定しません。それは、自由を守るために最低限必要な善悪の価値基準なのです。

したがって、この共有された価値基準に沿った行動は必ず評価されますし、「行為の承認」を得ることができます。もちろん、ルールを守っただけではなかなか評価されませんが、積極的に困っている人を助ければ、たいていの人は称賛するでしょう。つまり、価値観が多様化し、承認の基準が不透明なこの時代にあっても、この善悪の基準に沿った道徳的な行為だけは、承認される可能性が高いのです。

価値観の多様化と自由への道は、一見すると、承認への欲望と矛盾し、自由と承認の葛藤、承認不安の増大は必然のように見えます。自由への欲望を満たせば承認への欲望が満たされず、承認を満たすには自由を犠牲にするしかない。そう思っている人も多いでしょう。しかし、ルソーやヘーゲルが構想した民主主義社会の原理には、自由と承認が両立する道が、承認不安を緩和し、自由に生きるための道が示されているのです。

†家庭と学校の影響

価値観が多様化していても、共通了解が可能な最低限の善悪の基準、倫理的な価値観は存在します。ですから、自分なりの価値観、生き方の自由は認められるし、共通の倫理的価値観に沿って行動すれば、誰であれ承認してくれるでしょう。つまり、自由と承認は必ず対立するわけではなく、自由に生きながらも承認が得られる可能性があるのは確かなのです。

にもかかわらず、私たちの社会には強い承認不安に苦しんでいる人がたくさんいます。それはいったいなぜなのでしょうか?

ひとつは、他人に対しても「存在の承認」を与えるべきだ、という感度が十分に培われていない、という問題があるような気がします。自分とは異なる立場、価値観、考え方の人間を受け入れる姿勢が弱いため、身近な人間や同じ価値観の集団とだけつきあい、自由と承認の可能性を狭めているのです。

では、なぜ「存在の承認」の感度が育ちにくいのか——。

家庭環境について考えると、親が子どもの感情を共感的に受けとめず、ありのままの存在を認めなければ、そして過度の期待や要求を繰り返していれば、承認不安の強い子どもになるのも無理はありません。親和的承認が欠如すれば、「行為の承認」ばかりにこだわるようになり、「存在の承認」の大切さを経験できないのです。

親が愛情を注ぎ、親和的承認を満たしているとしても、学校で「存在の承認」の感度を育まなければ十分とは言えません。多様な人たちと出会い、お互いの違いを認め合う、という経験が少なければ、家族や身近な人に対しては甘く、親和的承認を与えがちであっても、見知らぬ人に対しては厳しく、自分たちとは異なる立場や出自、生き方には否定的になるかもしれないのです。

いまの学校は、そのような経験を積む機会が乏しいと言わざるを得ません。

不合理な校則、教条的な指導、競争の意識など、学校は「行為の承認」ばかり重視する傾向があり、同年齢での集団行動が多いため、子ども同士の同調圧力を高めている面もあります。一方、子どもも承認不安があるため、学校のクラスではグループ化し、自分の居場所を守ろうとします。同じグループでなければ遊ばない、グループの人間に合わせる、といった傾向が顕著になり、自分とは異なる人間を認めるどころか、無視したり、排除する傾向さえ生まれているのです。

このように、「存在の承認」の感度が育まれないため、自分とは異なる立場やライフスタイル、価値観の人間とは付き合わない、という人が増えています。彼らも自分とは異なる境遇の人々に対して、法的な自由は認めているのですが、心の奥底ではその存在を認めておらず、共感したり、わかりあおうとしないのです。その結果、お互いに「存在の承認」の幅を限定してしまうため、身近な人から「行為の承認」を得ることだけが重要になってきます。つまり、それだけ承認不安が大きくなってしまう、ということなのです。

こうして、多くの人々が承認不安に悩まされ、周囲の顔色をうかがったり、過度に同調するなど、過去の行動パターンを繰り返してしまいます。強い承認不安ゆえに自由を手放し、自己不全感に苦しんでいるのです。それは社会共通の価値観が崩壊し、価値観が多様化したせいもありますが、この多様化は自由に生きる上で欠かせません。

大事なのは、「存在の承認」を与え合い、価値観が異なっていても認め合えるような社会を築くことなのです。

†高齢化、病気、障害

グローバル化、高齢化が進展し、外国人、高齢者、患者、障害者が増えつつある現代において、多様な価値観、多様な境遇の人々との共生は、もはや避けがたい状況にあり、その分、承認不安も強くなっていきます。特に高齢者、患者、障害者といった人たちは、もともと強い承認不安を抱えやすい面があります。なぜなら、病気や事故、災害、高齢化によって、あるいは生まれつきの病気、障害によって、自己価値の承認を満たす機会が著しく奪われている場合が多いからです。

病気になったり、災害や事故で障害者になると、それまでできていたことができなくなり、生活の変化を余儀なくされ、大きな不安に襲われます。職場で重要な仕事を任されていたり、子どもを育て、親としての責任をはたしているなど、人はそれぞれ大事な役割を担い、その責任をはたすことで周囲の承認を得ています。その役割を奪われてしまえば、周囲の評価も変わり、強い自己価値の喪失感、承認不安を抱かざるを得ないのです。

若くして病気になったり、事故や災害に遭うことがなくても、誰もが高齢になれば、仕事ができなくなったり、親としての役割を担えなくなります。そして、仕事や身体の自由を失い、自己価値が失われる不安が大きくなっていくのです。

すでに人口減少社会に突入した日本の社会は、膨大な数の高齢者を抱えており、価値観やライフスタイルの急速な変化にともなう世代間ギャップが生じています。若い人、中年層、高齢者との間における価値観の対立は、今後ますます深刻になるでしょう。そのため、お互いの価値観、生き方を認め合わなければ、承認不安がますます強くなるばかりです。

また、高齢者が増えるということは、当然、病気の人、障害者の割合も増加するということです。さらに言えば、若い労働力がどんどん不足していくこともあり、今後、かなり

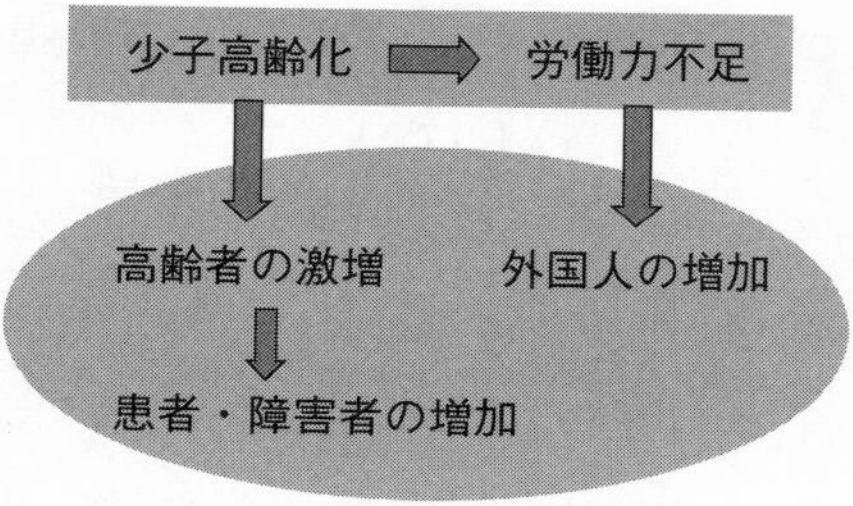

少子高齢化と人口構成の変化

の数の外国人労働者が日本で生活することになります。

このように、日本はどんどん多様な人々の集う社会になりつつあり、自分とは異なる考え方や生き方を相互に認め合うことは、もはや避けられない状況にあります。異なった価値観、生き方、ライフスタイルの人たちと協力し合って生きていくこと、お互いの自由を承認し、「存在の承認」を保証し合うことが、どうしても必要なのです。

では、どうすればよいのでしょうか?

自分とは異なる価値観、感受性、生き方の人間を受け入れ、「存在の承認」を与えるためには、まず親和的承認の経験が必要になります。これは、家庭における親子の愛情関係、保育園や幼稚園、小学校における信頼関係に基づくため、いま一度、この点を見直してみなければなりません。

また、多様な価値観を学び、交流する機会も大事になります。親和的承認の経験が単なる自己の甘えにとどまらず、多様な人々への寛容な態度へと成熟するには、実際に多様な人々と出会い、コミュニケーションをとる必要があるのです。

さらに、高齢者、患者、障害者といった人々については、介護、看護、障害者支援など、ケアの仕事において、承認不安を緩和し、自由を感じられるような対応が必要になります。これは「存在の承認」を基盤とした対応ということです。

以上のことを、より具体的な実践に結びつけるためには、基盤となるケアの原理が必要ですが、それには、前章で説明した承認不安シンドロームへの対処法、「承認を介した自己了解」「自己ルールの修正」の原理が役立つと思います。それは心理的治療だけでなく、子育てや保育、教育、介護、看護など、いわゆるケアの仕事にとっても重要な対人援助全般の原理だからです。

次節ではこの点を掘り下げながら、ケアの原理とこれからの社会のあり方について考えてみたいと思います。

第6章　自由に生きるための条件とケアの原理

†治療論からケアの原理論へ

承認不安による諸々の症候群（承認不安シンドローム）については、承認を介した自己了解が必要であり、この治療原理はケアの原理と重なる部分が少なくありません。

強い承認不安から生じる歪んだ言動や強迫的な行為、身体的な不調などは、承認不安、自己了解の欠如、自己ルールの歪みが生み出しています。親和的承認の経験が少なかったり、過大な要求や期待、偏った命令を与えられたり、いびつな人間関係に身をさらしていると、不安の悪循環が生じたり、歪んだ行動様式、自己ルールが身についてしまい、承認不安シンドロームが現れるのです。

これに対して、治療者は患者の気持ちを受けとめ、共感的に言葉を返すことで、親和的承認を与えます。それによって基本的な信頼関係が生まれると、患者は自らの欲望と不安に気づくことができるでしょう。そして自己了解が生じれば、歪んだ自己ルールも修正できますし、自分の「したい」ことへ向けて、主体的に行動することも可能になります。承認不安が緩和されることで、自由に生きる道が開かれるのです。

このような心理的治療の本質は、看護や介護、障害者支援、保育、教育など、広い意味での対人援助、ケアの本質と重なっています。

子どもや高齢者、患者、障害者といった人たちの多くは、心の病ほど過大で不適切な承認不安、自己ルールの歪みを抱えているわけではありません。しかし、他人の援助を必要とする状態である以上、多かれ少なかれ、不自由への苛立ち、自己価値と承認の不安を抱えています。だとすれば、共感的に対応することで親和的承認を感じてもらい、自己了解できるような対話やケアを心がけることが望ましいのは確かでしょう。

心の病を治療することと、看護・介護の仕事、保育・教育の仕事が同じだと言っているわけではありません。

当然なのですが、それぞれの現場には、その領域の専門知識や熟練が必要になります。看護師が心の病を治すのは大変な困難がともなうでしょうし、介護福祉士が子どもの世話をするのも難しいでしょう。もちろん、保育士が看護を行うのも、臨床心理士や精神科医が介護や保育をするのも簡単ではありません。おそらく、その現場を長年に渡って経験した人間でなければ、細かい点や微妙な匙加減はわからないはずです。

しかし、それでも無関係なわけではありませんし、むしろ共通する部分が多いのは確かだと思います。それは、心の病の治療をするにせよ、看護や介護をするにせよ、人間に共通する欲望や不安に基づいて苦しみを減らし、しあわせをもたらそうとするものだからです。その点では、保育や教育も同じことが言えます。

人は誰でも自由に生きることを望んでおり、その中で、自分の存在価値が認められること、生きる意味を見出すことを求めています。それは文化の違い、価値観の違いを超えて共通する、人間の「しあわせ」の本質に関わる問題です。心の治療にせよ、患者の看護や高齢者の介護にせよ、不安を少なくし、自由と承認を取り戻すことが重要になる点では変わりありません。なぜなら、それが相手の「しあわせ」につながっているからです。同じことが、保育や教育にも言えます。不安が増大せず、自由に生きられる大人、周囲から認められ、自己価値を感じられる大人に育てることが、保育や教育において重要になるのです。

したがって、自由と承認の充足をもたらす「承認を介した自己了解」が、心理的治療だけでなく、看護、介護、保育など、ケアの領域全体において必要なことは間違いありません。親和的承認を与えることで承認不安を緩和し、自己了解を促すこと、自己ルールを見直すことは、対人関係における心理的な援助の共通原理なのです。

このような意見に納得できない教育者、ケアの専門家もいると思います。看護、介護、保育、心理臨床など、それぞれの現場には異なったやり方があり、専門家にしかわからない部分が多いのも事実です。しかし、ケアの仕事に共通する原理を見出し、共有できたほうが、結果的には専門家同士の連携がスムーズになりますし、お互いの弱い部分をフォローしあえるのではないでしょうか。

以下、保育、教育、看護、介護など、心理的な援助が重要なケアの領域について、これまで述べてきた原理がどのように応用できるのかを考えてみたいと思います。

†子育て・保育に必要な対応

まず子育て、保育の問題について考えてみましょう。

子どものしあわせを考えるとき、自由にのびのびと生きてほしいし、そうした生き方の中で、周囲の人たちにも認められ、自分の価値を感じられる人生を送ってほしい、と思う親は少なくないでしょう。それは、不安が少なく、自由と承認が得られるような人生とも言えます。では、そのために必要な子育て、保育とは、いったいどのようなものでしょうか?

幼児期の子どもにとって、自分の気持ちを受けとめてもらい、共感的に対応されることは、ありのままの自分が受け入れられ、無条件に認められたように感じるものです。この親和的承認の経験は、世界への親和性、他者への基本的信頼を育む上で重要ですが、それと同時に、「存在の承認」の重要性を実感することにもなります。他人に対しても寛容になり、多様な人々に対する「存在の承認」の感度を育むことになるのです。

また、親が子どもの気持ちに共感し、それを適切な言葉にして返していくことで、子どもは自分の感情に気づく力が培われ、自己了解ができるようになります。これは自由に生きる上で決定的に重要なことです。

私たちは日常の中で、自分の気持ちに気づき、それに応じて行動を決めています。寂しいことを自覚すれば、誰か一緒にいてくれる人を求めるでしょう。あたり前だと思うかもしれませんが、世の中には自分の気持ちに気づけなかったり、無意識のうちにごまかしてしまう人もいるのです。そういう人は、寂しくない、一人のほうが気楽だ、などと考えるのですが、でも本当は寂しいので、どんどんつらくなってきます。心の病になると、さらに自己了解ができなくなるでしょう。

このように、感情を自覚できる自己了解の力は、自由な行動を可能にしています。そのため、自己了解の力を身につけていくことは、子どもにとって大事な課題であり、それは親密な大人が共感し、感情を受けとめ、それを言葉で返していくことで可能になるのです。

共感の力は幼い子どもも持っています。むしろ大人よりも共感力は強いかもしれません。不安な大人と一緒にいると、幼い子どもも不安になりますし、大人が楽しそうだと、楽しそうにします。発達心理学者のワロンは「情動は他人に伝染する大きな力をもっている」(『児童における性格の起源』)と述べていますが、気持ちは伝わってしまうものであり、特に子どもはそれに敏感なのです。

しかし、ワロンによれば、ごく幼い子どもの場合、まだ自分の情動と他人の情動の区別はできません。ですから、大人の不安を感じ取って自分の中に不安が生じた幼児は、それをまるで自分自身の不安のように感じてしまうのです。これが自己了解のできる大人であれば、相手の不安に共感し、自分の中に不安が生じても、これは相手の不安だと理解し、客観視することができます。だから焦らず、冷静になれるのです。そうでなければ、焦り、不安が大きくなり、相手の不安に呑み込まれてしまうでしょう。

幼児にはこの危険性があることを、大人は理解しておかなければいけません。幼児を感情的にふりまわすことのないように配慮し、こちらが幼児の気持ちに共感し、その気持ちを受けとめてあげる必要があるのです。それによって、やがて幼児も自他の区別が明確になり、自己了解できるようになっていきます。そして、豊かな情動の交流をとおして、相手への配慮を含んだ共感の力もついてくるでしょう。

これは親だけでなく、保育士、幼稚園の教諭にも求められることです。

昨今では、食事やトイレ、集団行動など、早く「できる」ようになることを重視した保育園、就学や受験にそなえて早期教育を実施する幼稚園も少なくありません。でもそれは、はたして本当によい保育と言えるでしょうか?

早く「できる」ようになることは、子どもが将来的に損をせず、有利に生きていける可能性を拡げてくれるし、いまは大変でも、それが結局は子どもの将来のしあわせにつながるにちがいない、――そう思う気持ちもわかります。

しかし、あまり幼い頃から期待や要求が大きすぎれば、むしろ子どもの将来を壊してしまう危険性もあります。要求が高ければ「できない」ことも増えてくるし、それに対して厳しく、寛容ではない態度で接していれば、親和的承認という重要な経験が疎かになり、強い承認不安を抱くようになるからです。そのような子は、結果的に自己了解がうまくできず、自由を感じて生きることが難しくなってしまいます。

子どもができなかったり、失敗した場合でも、まずは気持ちに寄りそい、その感情を受けとめることを優先しなければなりません。それが親和的承認を実感させ、承認不安を緩和し、また挑戦しようという意欲につながります。もっと「したい」という主体的な意志を育むことになるのです。

育児の文化的差異

親和的承認は児童期においても必要ですが、小学校では多くの児童を教師が一人で担当し、しかもたくさんの仕事をこなさなければならないため、どうしても一人一人の生徒の気持ちをじっくり聞く、という余裕はなくなってきます。また、集団行動や協調性を重視するため、生徒間のバランスを考えた対応になりやすいのも事実です。

一方、幼児期の子どもに対しては、マンツーマンで気持ちを受けとめ、共感し、慰める、といった対応をしている幼稚園教諭、保育士は少なくありません。特にゼロ歳児から預かる保育園では、子ども一人当たりに対する保育士の人数も多く、しかも赤ちゃんの頃から世話をしているため、愛着も強く、共感しやすい面があるでしょう。

また、子どもが親和的承認を感じるのは、なにも感情が理解され、共感されたときだけではありません。自分の「したい」ことをさせてもらえた場合にも、自分の欲望、意志が尊重されたことで、あるがままの自分が認められた感じがするものです。これもやはり、親和的承認を実感できる経験であり、主体的な意志を育む上で貴重な経験と言えます。

逆に、幼児期に「したい」ことが十分できず、「しなければならないこと」ばかりであれば、親和的承認の欠如と「できない」ことへの不満から、自己不全感、承認不安の強い子どもになるかもしれません。過度の期待や要求が多すぎる親や、早期教育に熱心で、集団的な規律に厳しい保育園、幼稚園では、そうなる可能性も高いでしょうし、そういう子は「よい子」で優等生になる場合も多いのですが、自分の「したい」ことがしっかりとあり、それを主張できる子にはなりにくいかもしれないのです。

進化生物学者のジャレド・ダイアモンドによれば、狩猟採集民の小規模集団では、複数の大人が共同で子育てをするアロペアレンティングが多く、スキンシップも濃密で、会話も多いそうです。泣いたらすぐに対応し、遊びも自分で工夫したり、異年齢同士で遊びます。その結果、「大人ばかりでなく子どもまでもが情緒的に安定し、自分に自信があり、好奇心に満ちあふれ、自律している」（『昨日までの世界（上）』）というのです。

これは、これからの家庭や保育園がいかにあるべきなのか、大いに考えさせられる事実ではないでしょうか。

スキンシップが濃密で、泣いたらすぐ対応する、という育児は、日本ではわりと多いかもしれません。アメリカなどでは、自立した人間に育てる、という理念が強くあり、かなり早くから自立を促すようですが、親和的承認がちゃんと得られているのか、少し心配になります。もっとも、最近は欧米の育児も子どもの自発性を尊重し、あまり自立を急ぎすぎないようです。

また、複数の大人が育児に関与すること、異年齢の子どもが遊ぶことは、日本でも昔は普通のことでした。母親は家事や畑仕事で忙しいため、子どもの世話をするのは祖父母や兄弟、姉妹でしたし、近隣の人間関係もいまほど希薄ではなく、大人が共同で子どもの面倒を見る、という意識もありました。つまりアロペアレンティングが一般的で、親の親和的承認が足りなくても、周囲の人たちから親和的承認を得る機会が多かったのです。

しかし、いまは核家族で兄弟も少なく、近隣とのつきあいも希薄であるため、子どもは親との関係だけが重要になり、親和的承認の経験も親ばかりに集中されやすいと言えます。ただ、保育園という場所は複数の大人と関係し、親和的承認が得られる場所ですし、なかには異年齢保育、チーム保育を積極的に取り入れ、共同での子育てが根づいている園もあります。その意味でも、これからの社会における保育園の役割はますます大きなものになっていくでしょう。

†自由の感度を育む保育

保育園によっては、子どもの「したい」ことを尊重し、思う存分にさせる、という自由保育を重視する園もあります。

私は二年ほど前から保育研究に携わっており、いくつかの優れた保育園を見てきましたが、子どもの「したい」意欲を大事にし、「したい」遊びに没頭できる保育園に興味を惹かれました。

このような園では、幼児の「したい」ことが尊重され、妨げられないため、「したい」ことが増え、主体的な意欲が高まりやすいのです。また、やりたいことに没頭できるため、評価ばかりを気にして行動する、という悪癖もつきません。そのように好きなことに没頭する体験が多ければ多いほど、興味、関心が拡がり、主体性が育ちやすいでしょう。それは、成長後も過剰な自意識に邪魔されず、自分の好きなことに集中できる力をつけてくれるにちがいありません。

ただ、このように自由に育った子どもたちは、就学後、壁にぶつかる場合があります。小学校ではルールや協調性、団体行動が重視され、「したい」ことがかなり制限されるため、とまどってしまうのです。このため、自由保育で育った子どもたちは、学校からは集団行動が苦手なように見えてしまい、やはり早くから個人行動は抑えて、集団行動に慣れさせたほうがよい、と思う親もいるでしょう。

しかし、長い目で見たときには、十分に「したい」ことに没頭し、主体性を育んできた子どものほうが、後々、強い承認不安に悩まされる可能性が低いと思います。また、子どもの「したい」を大事にする園では、子どもの気持ちを尊重し、受けとめることもできている場合が多いため、子どもの自己了解の力も育まれます。

こうした自由保育を行っている園のひとつで、京都に岩屋こども園アカンパニという興味深い実践をしている園があります。そこでは保育士が、日々の保育実践の中で生じた印象深いエピソードを記述し、週一回行われるカンファレンスで発表することになっています。カンファレンスは数人の保育士で行われ、エピソードの内容には保育士の主観が赤裸々に描かれていて、保育士と子どもの関係性を理解する上で大いに参考になるのです。

それらのエピソードを読んでいると、保育士が子どもの気持ちに寄りそい、共感している様子が伝わってきて、親和的承認を与えていることがよくわかります。しかも、親和的承認を実感した子どもが、自分の「したい」ことに主体的に取り組みはじめ、没頭する様子も描かれています。その情景を思い浮かべていると、「承認を介した自己了解」の重要性を再認識させられるのです。

私はこの岩屋こども園のカンファレンスに何度も参加させていただきましたが、議論するというよりも、保育士同士の共感、自己開示、感情の受けとめ合いが中心で、お互いの自己了解が促されているようでした。感極まって涙ぐむ保育士さんがいれば、それに共感する保育士さんもいて、不思議な一体感がカンファレンスの場を包みます。お互いの気持ちを確認し合い、共感し、それぞれに自己了解が生じている。そんな感じなのです。

このように、「承認を介した自己了解」は幼児と保育士の間でだけ生じるのではなく、保育士同士の間でも生じます。そして保育士の自己了解が、今度は子どもたちの感情を受けとめ、自己了解を促す力になるのでしょう。それだけではありません。保育士もまた、子どもたちとの共感をとおして自分の気持ちに気づき、自己了解を経験しているのです。

†学校教育に必要な対応

小学校に上がると、「しなければならない」ことが増え、「したい」ことへの制限が多くなります。勉強はもちろんですが、規律を守ることが重視され、優れた成績、スポーツ、よい行い、協調性、集団行動、役割分担など、さまざまな行為の価値が問われるようになるのです。

もちろんそれは大事なことであり、集団における役割をこなし、協力し、みんなで決めたルールは守らなければなりません。それに対する周囲の正当な評価（集団的承認）は自信にもなるでしょう。しかし、失敗をおそれて不安にもなりやすく、子どもたちは大人や友だちの評価に対して、かなり敏感になるのです。

そこで、子どもの行為に対して、上手に評価することが必要になります。これは小学校の児童にかぎらず、就学以前の幼児においても言えますが、失敗しても責めず、努力を評価し、またやりたい、挑戦したい、と思えるような対応が必要です。そうでなければ、承認不安は強化され、強いプレッシャーに苦しむことになります。

よい成績をとったり、正しいことをしたときは、ちゃんと言葉で称賛し、その価値を認めなければなりません。それによって、「できる」よろこび、「もっとしたい」という欲望は大きくなり、一層、努力するようになるでしょう。親和的承認を与えた上で、適度な期待や要求をするならば、承認不安は大きくなりすぎず、「もっとやりたい」「ほめられたい」という意欲につながるはずなのです。

子どもの失敗や「できない」ことを受け入れ、叱責するのではなく、無言で失望を示すのでもなく、子どもの悔しさを受けとめて励ますこと。たとえ失敗したり、うまくできないときでも、その努力を評価してもらえれば、挫けることはありません。それは親として必要なだけでなく、教師も理解しておかねばならないことなのです。

子どもにはそれぞれ個性があり、物の見方、考え方、感受性は同じではありません。ですから、常に同じような基準で評価するのではなく、子どもの失敗や努力、「したい」ことを受けとめ、理解や共感を示すことが大事になります。それは子どもに親和的承認を感じさせ、あるがままの自分でもよいのだ、という自己肯定感を育むことになります。

逆に、共感される経験が乏しければ、子どもは「ありのままの自分では認められない」と感じるようになるかもしれません。それどころか、他の子の感受性、感じ方に共感する余裕を失くしてしまい、自分が厳しくされた分、他の子に対しても厳しい評価を期待し、できない子、失敗した子に対して容赦ない態度をとるようになる子もいます。

このような子が増えてくると、学校は、お互いの失敗、弱さ、個性を受けとめあうような、「存在の承認」をベースにした関係が希薄になり、友だち関係にもストレスを感じ、「行為の承認」に対する不安ばかりが大きくなります。そして、みんなと同じようにしない子、できない子に対して厳しくなったり、みんなと同じであるために、周囲の顔色をうかがうようになるでしょう。同質な存在のみを仲間と見なしてグループ化し、少しでも異質な子だと見なせば、たちまち排除するのです。

このような傾向に歯止めをかけるためには、「しなければならない」ことばかり一様に課すのではなく、子どもの「したい」ことを尊重し、気持ちを受けとめなければなりません。これは幼児期においては特に重要なことですが、学校教育においても軽視されるべきではないのです。

すでに述べたように、そもそも幼児期において「したい」ことが尊重され、自由であったとしても、小学校にはいると「しなければならない」ことがあまりにも多く、たちまち壁にぶつかってしまいます。そのような子たちは、せっかく自分の「したい」ことを自覚し、自己了解する力、主体的に行動する力が育まれていても、急に上から抑えつけられ、混乱してしまうでしょう。逆に早くから多くを学び、集団行動にいち早く慣れていた子の場合、就学時点では学校に馴染みやすいのですが、同調性が高く、主体的に行動する力は弱くなるかもしれません。

自分の「したい」こと、感受性、考え方が尊重されなければ、他人の「したい」こと、感受性、考え方に対しても、寛容ではいられません。自分ががまんしているのだから、他人も同じようにがまんしなければならない、と感じてしまうからです。すると、他人にはそれぞれの思い、感じ方がある、という感度も育まれず、自分とは異なる考え方、感受性には反発しか感じなくなるのです。

†多様な考えや感受性を受容する

自分の「したい」こと、感受性、考え方が尊重されれば、他人の考えや感受性にも寛容になります。教師が生徒の考え、感じ方を尊重し、たとえ希望どおりにはさせてやれなくても、その子なりの思いがあることを理解し、共感を示せば、今度はその子が他の子どもに対して共感し、理解を示すようになるでしょう。自分とは異なる考えにも寛容になり、まずは相手の考えを受けとめ、理解しようとするはずです。

こうして、思春期までにしっかりと親和的承認が与えられていれば、他者に対しても寛容になります。身近な人に共感的に対応し、親和的承認を与えたり、見知らぬ人でも差別することなく、あるがままを認め合うべきだと感じるようになるのです。

「したい」ことを好き放題にさせることが、親和的承認を与えることではありません。それでは「存在の承認」の重要性を実感するどころか、自分には何でも許されている、という自己愛的な万能感を生んでしまいます。親和的承認には、自分の気持ちをわかってくれている、あるがままの自分を受け入れてくれている、という安心と信頼が必要なのです。それを感じとることができれば、たとえ「したい」ことを禁止されたとしても、親和的承認が損なわれることはないでしょう。

したがって、集団行動でも勉強でも、あるいはルールを与える場合でも、「しなければならない」ことは、ちゃんと理由を説明して、本人が納得した上でやらせること。失敗したり、うまくいかない場合でも、ただ叱るだけではなく、悔しさ、苦しさに共感を示し、努力は認めること。そうした態度が必要になるのです。

こうした教師の対応は子どもたちにも影響を与え、友だち同士の間でも、同じような行動を見せる子が増えると思います。そのような子は、「できない」ことを責めたり、揶揄するのではなく、自分とは異なる考えを否定するのでもなく、まず、あるがままの相手を受けとめ、話を聞いてみようとするでしょう。そして中学生になる頃には、多様な考えや感じ方をもっと学び、さらに深く理解しようとするはずです。

多様な価値観、生き方があることは、すでに本やテレビをとおして耳に入っているはずなので、学校側も多様な価値観をより深く教え、価値観や考えの異なる人間同士が相互に認め合うことの必要性を、しっかり教えていかなければなりません。お互いの自由を認め合うこと、「存在の承認」の重要性を自覚的に考えさせるのです。

ただこれは、授業や本、テレビなどで、多様な価値観を見聞きし、学習するだけでは十分とは言えません。ここまでなら、相手は自分とは異なるけど人それぞれだし、自由でいいんじゃないか、という感覚は養えますが、異なる境遇の人の身になって考えたり、深く理解しようとすることはないでしょう。お互いに無理解なまま、特に助け合うこともなく、自由はあっても孤立感を抱くかもしれません。

自分とは異なる人間の存在を認めるだけでなく、できるだけ理解し、共に生きていこうと思えるためには、コミュニケーションが必要になります。実際に自分とは異なった考えや感じ方の人間に出会い、話し合うことが必要になるのです。

哲学者のハンナ・アレントは、「人間は、言論と活動を通じて、単に互いに「異なるもの」という次元を超えて抜きん出ようとする」（『人間の条件』）と述べています。人間は、他の誰でもない、独自な存在である私の個性を認めてほしいと思っているものですが、言葉によるコミュニケーションのなかには、人間同士がお互いの違いを知るだけでなく、個性を表現し合い、それを競い合ったり、認め合う可能性がある、というわけです。

　そもそも思春期から青年期にかけての時期は、「自分とは何者なのか」というアイデンティティを求め、自分の独自なあり方、固有性を見つけたいという思いが募ります。つまり、他人とは違う、代わりのない独自な存在として承認されたいという欲望が高まる時期なのです。にもかかわらず、現在の学校は個性の違いを認め合うことがきわめて難しい場所になっています。表面的には「個性は大事だ」と教えられますが、「出る杭は打たれる」と考え、できるだけ目立たないようにし、周囲に同調している子どもたちは少なくありません。

　このような状況も承認不安から起こるのですが、だからこそ、学校はもっと個性や考え方の違いを認め合えるよう、話し合う機会を設ける必要性があるのです。

対話の学習がもたらすもの

　かなり異なる環境や文化の人と出会わなくても、身近にいるクラスメイトと本音で話し合うだけでも、気づかなかったものが見えてきます。たとえば授業において、さまざまなテーマをめぐって話し合うとよいかもしれません。それも表面を取り繕ったような会話ではなく、本当に感じていることを言葉にし、議論することが有効でしょう。

言うまでもありませんが、承認不安ゆえに、子どもは本音を話しにくいと思います。場の空気を読み、相手の顔色をうかがい、周囲に同調する意見しか言わない、といった習慣が身についていれば、なかなか本音を出しあうことができません。そこで、対話の授業を行うには、一定のルールを設ける必要があります。

まず、できるだけ全員が意見を言えるようにし、その意見の理由も述べるようにします。人の意見は途中で遮らない、最後まで聞く、といったルールも必要です。発言力の強い人の意見が、たいした理由もないのに優先されてはなりません。また、他人の意見を根拠なく否定したり、感情的に批判するのもいけません。そこは教師がうまく進行役を務める必要がありますし、自由な雰囲気、安心できる場を心がけることが、学校側には求められます。

それでも慣れないうちは、なかなか本音の意見が出にくいでしょう。この時期の子どもは自意識が強いため、自分の意見がどう思われるのか、過剰なまでに気にしてしまうからです。したがって、最初は差し障りのないテーマ、あまりプライベートな問題に触れないテーマのほうがよいと思います。

話し合っているうちに、徐々に自分の本音を口にしはじめたり、思いもよらなかった意見を言いはじめる人が出てきます。すると、こんな考え方があったのか、この人はこんなことを考えていたのか、と驚くと同時に、自分も本音で意見を言って大丈夫なのかもしれない、という安心感も生まれてくるでしょう。

さらに多様な意見が出てくれば、自分もみんなと違った意見を言える、みんなと違っていてもよいのだ、という気持ちになってきます。そして、勇気を出して自分の気持ち、考えを表明し、それを真剣に聞いてもらえたとき、あるいは「私も同じだ」「わかる」といった共感が得られたとき、あるがままの自分が受け入れられた、と感じられるのです。

こうして、多様な考え方、価値観、感受性をお互いに受けとめあい、認め合うことができれば、「存在の承認」による安心感の土台が築かれます。そして、お互いの考え方や感じ方の自由を認め合うようになるのです。それは、みんなと同じであることを義務のように感じ、同調行動ばかりしていた子どもたちにとって、大きな転機となり得るかもしれません。

さまざまな意見が出るだけでは、ばらばらでまとまらないのではないか、と思う人もいるでしょう。しかし、無理に意見をまとめなくても、いろいろな考え方がある、とわかるだけでも十分有益です。頭では多様な考え方があることを理解していても、実際にその考え方の人間に触れなければ、本当の意味で多様性を受け入れることはできませんし、理解しあいたいとも思わないでしょう。

もちろん、意見を統一する必要のある話し合いもありますが、その場合、他人の意見を否定するのではなく、ちゃんと理由を聞いたうえで、みんなが納得できる結論、共通了解できる考え方を探すことが大事になります。

たとえば、誰かをかばって嘘をついた子がいたとして、それは「よい行為」なのか「悪い行為」なのかで議論になったとします。多くの子は、誰にも迷惑をかけていないし、その嘘で人を助けたのだから「よい行為」だという考えで一致するでしょう。しかし一方で、「どんな嘘も許せない」と言い張る子がいた場合、どうすればよいのでしょうか。

この場合、大勢でその子の意見を否定し、絶対変だと大声で言いはじめるなら、もはやまともな話し合いはできません。頭ごなしに否定するのではなく、なぜそう考えるのか、理由を聞くのが先決です。その子に理由を聞いたところ、昔、嘘をついて親にひどく叱られ、絶対に嘘はいけない、と言われたのだとしたらどうでしょうか。その子は親に対する承認不安から、どんな場合も嘘をつかなくなり、次第に「どんな場合でも嘘はいけない」という自己ルールを作り上げていたのです。だから「嘘をついてもいい場合がある」という考えは、自分を否定されるようで受け入れられなかったのです。

こうした事情がわかってくれれば、「それなら仕方ない」と感じたり、「うちの親もそうだ」とか「気持ちはわかる」と思う人も多いでしょう。その子の気持ちに共感し、理解を示した上で、「でも、嘘がいい場合もあるんだよ」と言うはずです。それによって、頑なに「嘘はだめだ」と言い張っていた子も、つらい気持ちをわかってもらえたような気がします。その安心感から、嘘をつくことを怖れていた自分の不安に気づき（自己了解）、「よい嘘もあるんだな」と感じ、自己ルールを修正しようと思うのです。

†普遍的視点の形成を促す

以上のように、自分の考えをしっかり聞いてもらい、共感する人がいれば、親和的承認ほどの深い安心と愛情は感じないとしても、自分はこの場所で受け入れられている、という「存在の承認」を感じることができます。そして、自分の本当の気持ちにも自覚的になり（自己了解）、自己ルールを見つめなおすきっかけにさえなるのです。

また、相手の考えや感じ方の理由がわかってくれれば、たとえそれが自分とは異なる考え方であったとしても、「それもありかな」と思うようになります。自分とは異なる考え方を簡単には否定できなくなり、それぞれの意見、考え方にはそれなりの理由がある、と理解するようになるからです。

このような経験を重ねれば、さまざまな価値観や考え、感じ方を理解できるだけでなく、そうしたさまざまな立場に身を置いて物事を考えられるようになります。自分とは異なる環境、立場、文化的背景を想像し、そうした多様な観点から考えてみる力がつくのです。これは、普遍的視点を獲得する上で、とても大事な経験と言えるでしょう。

普遍的視点がしっかり身につけば、多くの人が共通して了解し、納得するような判断ができるようになりますが、そこまでいくのは容易ではありません。多様な価値観を受け入れ、多様な観点を想定できるようになったとしても、共通了解が可能な判断ができるようになるまでには、もっと多くの経験と時間が必要になります。本やテレビ、インターネットをとおして、さまざまな考え方や価値観、知識を学ぶ必要もありますし、実際に自分とは異なる価値観の人間と出会い、交流することも、大いに役立ちます。

しかし、思春期ぐらいの年頃では、まだまだ勉強も経験も不十分ですし、なにより、強い承認不安があるため、なかなか客観的に判断するのは難しいのです。

先に例に挙げたような話し合いも、高校ぐらいならたいてい問題ありませんが、スクール・カーストががっちりと構築され、空虚な承認ゲームやいじめが多い中学では、なかなか難しい面があります。その場合は、教師やスクールカウンセラーが、生徒の気持ちに寄りそい、共感的に受けとめ、自分の感情や自己ルールに気づかせる、という方法が優先されなければなりません。

大学生ぐらいになると、クラスも単一ではなく、サークルやバイトなどをとおして、多様な考えの人々と出会う機会も増えてきます。そのため、より深く自己了解し、普遍的視点でものを考える力がつく可能性があります。社会に出て多様な人々と出会う可能性もありますが、職場によっては閉鎖的な人間関係に身を置かざるを得ない場合もあり、そう考えると、やはり高校を卒業するまでに、一定の力は身につけておきたいものです。

普遍的視点があれば、もはや身近な人々の承認に左右されませんし、世間的価値に対しても距離を置いて考えられるようになります。また、自分自身を承認（普遍的自己承認）できる可能性も高くなります。もちろん、そう簡単にはいかないと思いますが、だからこそ、学校でこうした視点を養うような授業が必要になるのです。

†高齢者の承認不安

幼児期から青年期にいたるまでの成長過程に沿って、承認不安への対処法について述べてきましたが、もう一度、要点を整理しておきます。

自由に生きるために必要な自己了解の力は、感情の受容と共感による親和的承認をベースとしており、子育て、保育、教育において、承認を介して自己了解を促すことが必要になります。その上で、自由に生きるための能力を身につけられるよう、さまざまなことを教え、優れた行為や成績、正しい行為を評価する「行為の承認」が必要になるのです。さらに、さまざまな立場や価値観を理解し、普遍的視点から考察できる力を磨けば、自己承認によって承認不安を抑えることができるようになり、より自由を感じて生きる可能性が拡がるでしょう。

このような子どもへの対応の多くは、心の治療原理とも重なり合う点があり、高齢者や患者、障害者への対応にも有効だと考えられます。特に心の治療における「承認を介した自己了解」は、ケアの領域においてもきわめて重要になるのです。

まず高齢者について考えてみましょう。

高齢になると生活が大きく変わり、強い承認不安を感じることが増えてきます。仕事を定年退職し、子どもが自立する年齢になると、仕事の評価(集団的承認)や親としての役割という「行為の承認」を得る機会が格段に少なくなるからです。これは仕事や子育て中心で生きてきた人にとって、大きな喪失感となるでしょう。また、身体の衰えとともに、以前はできていたこともできなくなり、自己価値の低下が強く意識されるようになります。要するに、自由の喪失感と承認不安が、同時に襲ってくるのです。

また、急激な時代の変化、価値観の多様化により、自分のやってきた行為の価値が大きく揺さぶられる人もいます。誰もが同じ価値観を信じているなら、その価値観にそった生き方、行為の積み重ね、蓄積された知識は、老いてもなお評価されますが、今日のように価値観が多様化し、その変化が激しい社会ではそれも難しいのです。

近代以前の宗教的な社会においては、信仰に沿って生きてきた高齢者は、物知りで尊敬される存在でした。現代においても、自給自足的な生活をしている未開社会の村落では、老いても熟練した技術と経験、知識を持っている高齢者は、子どもや若者から見ても憧れる存在、リスペクトされる存在です。彼らは身体が十分に動けなくても、様々な生活の知恵を持つ賢者であり、誰もが頼りにしている存在として見られ、自己価値が失われることはありません。

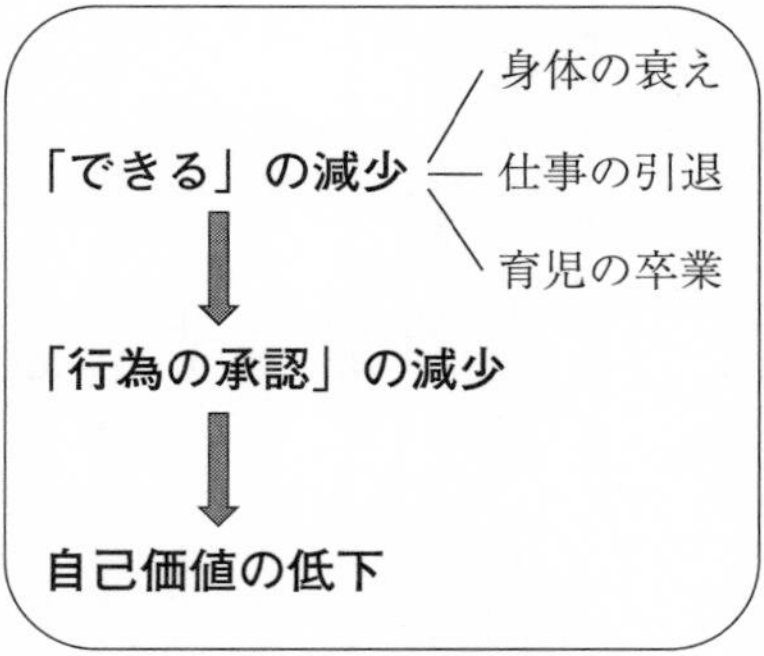

高齢化による承認不安

しかし現代社会、特に都市近郊では、価値観の多様化によって自由に生きられる半面、高齢者の価値観も容易に相対化され、時代遅れと見なされてしまいます。しかも、高齢者にしか頼れなかった膨大な知識や技術は、ネットで簡単に調べられたり、機械で簡単にできるのです。

こうなると、高齢者の自尊心は傷つけられ、自己肯定感に関わる承認不安は強くなります。また、身体の自由がきかなくなり、介護をしてもらうようになると、尊敬どころか、子ども扱いされる場合さえあるのです。

もちろん高齢者の中には、若い人以上に「できる」ことがたくさんある、という人もいます。知識や熟練した技能があり、自信のある高齢者、あるいは普遍的視点があり、自己承認がしっかりできている高齢者は、自分の生きてきた人生に自信があり、強い不安に襲われることは少ないでしょう。それは多様な知識が必要な現代だからこそ、そうした可能性があるとも言えるのです。

しかし、一般的に見れば、高齢期が承認不安の大きい時期であることは間違いありません。なぜなら、多くの人は老いを感じるとき、残りわずかの人生を想像しながら、自分の人生の価値を問い直さざるを得ないからです。

心理学者のエリクソンは、高齢期は人生を振り返って統合する時期であり、「それは、自らの一回限りのライフサイクルを受容すること」(『アイデンティティとライフサイクル』)だと述べています。この統合に失敗すると、十分にやった、充実した人生だった、という確信が持てないため、絶望や死の恐怖が現れる、というのです。

こうした人生の統合がうまくいくかどうかは、これまでの行動、生き方次第とも言えますが、別に特別なことをしていなくても、たいていはなにかしら、満足のいくもの、肯定できるものが見つかるはずですし、それをうまく統合していける可能性はあるはずです。もちろん、ひとりではなかなか難しいでしょう。だからこそ、家族や介護福祉士、ケアワーカーといった身近にいる人たちが、話を聞き、一緒に考え、手助けをする必要があるのです。

†高齢者の心理的ケア

現代社会における高齢期においては、自分の長年にわたる生き方が、新しい価値観をもった若い世代に評価されるという保証がありません。そのため、いままでの行為だけでなく、いまの行為が評価されなければ、なかなか自信が持てないのです。なかには自分の生き方が否定されたように感じ、一気に元気がなくなったり、自己価値に失望する人もいるでしょう。

一方、昔の価値観、生き方を賛美して自己価値を守ろうとする人もいます。頑なな態度で新しい価値観を否定し、「昔はそうじゃなかった」「いまどきの若い者は……」といった言葉がつい口に出てしまうのです。急に元気がなくなった高齢者も心配ですが、自分の考えに固執し、新しい考えを受け入れられない高齢者も、実は承認不安から自己防衛的な態度になっている場合が多いのです。

したがって、高齢者をケアする家族、介護福祉士は、こうした承認不安に十分配慮しなければなりません。

高齢者が感情的で頑なな態度を示すとき、もう年だから仕方がない、などと単純に考えるのではなく、その背景に不安があるのではないか、と考えてみる必要があります。誰でも強い不安があるとき、不安の示す危険、都合の悪い状況を避けるために、一見、理解しがたい行動や態度をとることがあります。自己価値を守るために、自分の考えを強弁することもあるのです。私たちはまず、このことに思い至る必要があるでしょう。

納得しがたい態度、頑固な態度の裏に不安があると理解すれば、「それじゃあ、そんな態度になるのも無理はない」と寛容な気持ちになり、共感できる場合も少なくありません。そして、高齢者の気持ちによりそい、どのように考えているのか、どう感じているのか、じっくり話を聞いてみようと思うはずです。

高齢者の話に耳を傾け、共感的に、適切なかたちで応えていけば、信頼関係も生まれ、高齢者の心の中に安心感が生まれてきます。これは、「あるがままの自分」が受け入れられたように思える安心感であり、親和的承認、「存在の承認」の実感なのです。

また、高齢者の昔の話を聞くことは、その生きざま、行動の価値を再評価する機会にもなります。

いまは仕事もなく、子育ても終え、自己価値の喪失感があるとしても、かつては優れた仕事で評価されていた、必死で子育てをし、立派に子どもも自立させた、といった話が出てくれば、「十分に価値のあることをしてきたのではないですか」と伝えることもできます。そうすれば、「行為の承認」を感じ取り、自信を取り戻す人もいるでしょう。人生を長い目で見返してみれば、自分の存在にも意味があった、価値のある人生だった、と思えるのです。

自分の感情を共感的に受けとめてもらい、適切な応答を受けていれば、自己了解が生じてくる可能性もあります。気づかなかった不安を自覚し、自分の最近の言動はこの不安にかなり左右されていた、と気づくかもしれません。あるいは、長年にわたる自己ルールの歪みに気づく、という人もいるでしょう。

ただし、普遍的視点が弱い人、長年にわたる生活によって考え方に柔軟性がない人、あるいは自己ルールがかなり歪んでいる人は、そう簡単にはいかないと思います。最初は話を聞いていても、強引な理屈や偏った考えに、家族や介護福祉士もうんざりし、辟易するかもしれません。十分な信頼関係が築けていないうちに、考え方の問題点や自己ルールの歪みを指摘すれば、相手はたちまち防衛的な態度になり、怒り出したり、話さなくなる場合もあるはずです。

それでも周囲の人間が真摯に向き合って話を聞き、理解しようとすることで、少しずつ不安は緩和されていきます。「不安への防衛」という観点から理解しようとすること。共感的な態度で話を聞き、過去の行為で評価できる点を見つけて伝えること。それは承認不安を緩和し、自己了解を促すきっかけになるのです。

†患者・障害者のケア

次に病気や障害を抱えた患者、障害者のケアについて考えてみましょう。

不治の病に罹った人、または長期の闘病が必要な病を抱えている人は、日常生活における身体の苦しみだけでなく、「したい」ことが「できない」苦しみを抱えています。また、生活が激変したことによって、大きな不安を抱えてもいるのです。

仕事で活躍していた人、夢や理想を抱いていた人ほど、この失望は大きいと思います。自分にとって価値のあることができなくなった衝撃は、自己の存在価値を大きくゆるがすことになりますし、生きる意味さえ失ってしまうかもしれません。入院生活に入れば、会社の同僚と会う機会もなくなり、仕事に対する評価も社会的なつながりも、一気に失われたように感じることでしょう。そして家族に世話ばかりかけてしまう状況に、罪悪感と情けないという感情に押しつぶされそうになるのです。

専業主婦の場合、病気で家のことができなくなれば、自分の役割を失ったような喪失感、自己価値の低下を感じることでしょう。家族の世話を中心に生きてきたのに、逆に世話になることで、自尊心は傷つき、罪悪感が募るかもしれません。何年も長期入院している子どもの場合も、親の期待に応えられないという罪悪感、申しわけなさを抱えている点では同じだと思います。

このように、病気になると従来の活動が十分にできなくなり、「行為の承認」を得る機会が失われ、自己価値の不安が生じます。また、「したい」ことが思うようにできず、あまり自由を感じられません。つまり、人間がしあわせを感じるために必要な、自由と承認が十分に得られなくなるのです。

そこで承認を介して自己了解を促すことが必要になります。

家族は患者の苦しみを受けとめ、共感し、これまで家族のために尽くしてくれたことに感謝を示したり、ただ生きていてくれるだけで嬉しいのだと伝えれば、患者の罪悪感や不安は緩和され、このままでもよいのだ、自分を必要としてくれるのだ、と感じることができますし、自信を回復するかもしれません。それは病気と闘い、新たな生き方を模索する勇気を与えてくれるでしょう。

入院中、家族よりも長く接する機会のある看護師もまた、話を聞き、共感を示すことで親和的承認を与えることができる存在です。

そもそも事情があって家族と会えない患者もいるでしょうし、家族だからこそ申しわけなく思い、なかなか話せないこともあるはずです。これに対して、熟練した看護師はこうしたコミュニケーションに長けている人が多く、患者と直接的な利害も感情のこじれもないため、公平に話を聞くことができます。家族よりもうまく共感し、自己了解を促し、自己ルールの問題点に気づかせることも不可能ではないのです。

こうしたことは、障害者支援の現場でも同じことが言えます。

病気や事故、事件などによって障害を抱えることになった人も、病を抱えた人と同じように、やりたいことができなくなった、という喪失感、承認不安を抱えています。そのため、話を聞き、共感を示すことが重要になるのです。

生まれつき障害を抱えている人の場合も、できていたことができなくなる、という喪失感はないかもしれませんが、健常者と接していれば、なぜ自分はできないのか、という苦しみを感じることでしょう。そこで、家族の援助はもちろんですが、介護福祉士、精神保健福祉士など、ケアワーカーの支援が大事になります。

障害と言っても、身体障害、知的障害、精神障害など、種類によって異なった対応が必要ですが、共通する部分は少なくありません。どのような障害であっても、多かれ少なかれ不安が生じ、防衛的な行動をとってしまいやすいものですし、自己価値を十分に感じられず、承認不安と不自由の実感に苦しむという点でも同じです。

したがって、話を共感的に受け止めたり、身体的な援助をすることで、親和的承認を与えることが必要になります。これは看護の場合にも言えますが、話を共感的に聞くだけでなく、日常の行動をやさしく援助したり、ていねいに身体をケアすること自体が、あるがままの自分が受け入れられている、という親和的承認を感じさせる機会となるのです。

†ケアの仕事と承認不安の緩和

言うまでもありませんが、患者の看護や高齢者の介護、障害者の援助における身体のケアは、かなりの激務です。そのため、ケアの現場は疲労が重なって余裕がなくなり、強いストレスを感じている看護師や介護福祉士、ケアワーカーも多いと思います。ですから、患者や高齢者、障害者の話をじっくり聞く、という余裕などないかもしれません。それどころか、慌ただしく世話をするなかで、高齢者や障害者の言動にいらだち、不適切な対応をしてしまう可能性さえあるでしょう。

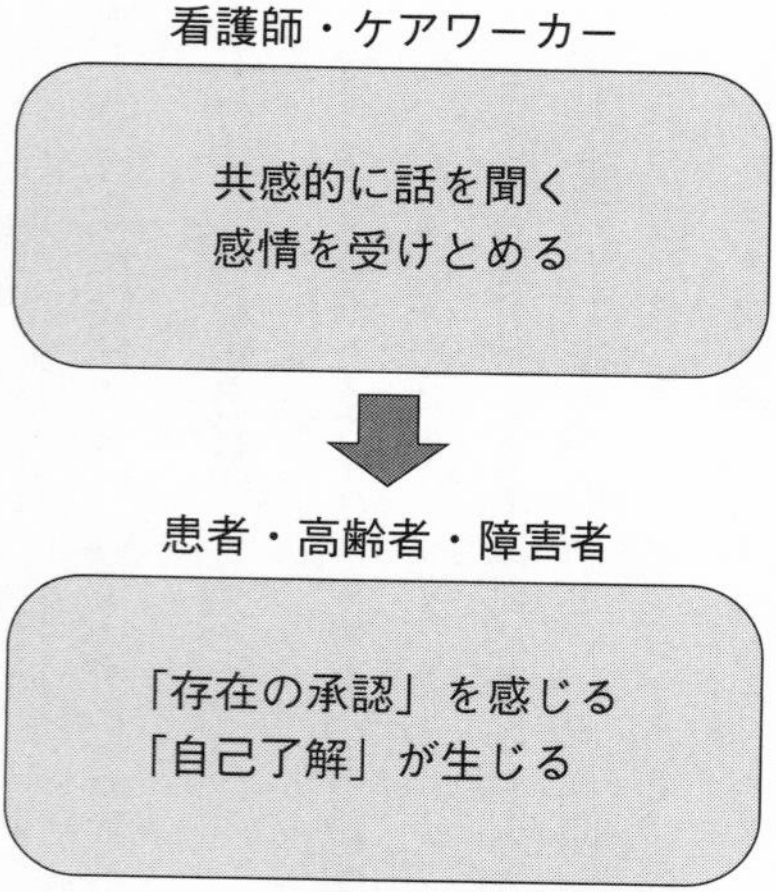

共感的受容の効果

こうした現場の疲弊に対して、人員や待遇面など、早急に制度的な改善が望まれますが、とりあえず、看護師や介護福祉士、ケアワーカーが高齢者や患者、障害者の言動に対するいらだちを抑え、自分自身の焦りや不安に気づく必要があります。

具体的には、まず目の前にいる患者や高齢者、障害者の失敗や不合理に見える言動、頑なな態度の背後に、強い不安がないかどうか、いま一度考えてみる必要があります。それらの言動が、彼らにとって危険を避けるための行動、不安を鎮めるための防衛反応だと理解すれば、イライラも緩和され、この人も苦しいんだな、と思うはずです。

それと同時に、看護師やケアワーカーは自分自身のいらだちやあせり、不安にも気づきます。つまり、自己了解が生じ、落ち着きを取り戻すことができるのです。そして、相手がなにを感じ、なにを求めているのか、しっかりと話を聴き、理解しようと思うでしょう。

こうして、看護師や介護福祉士、ケアワーカーが共感的な理解を示すことができれば、患者や高齢者、障害者も「わかってくれている」「受け入れてくれている」と感じ（「存在の承認」）、承認不安も緩和されてきます。そして信頼関係が築かれ、その安心感をベースに自己了解が生じてくれば、自分がどうしたいのかもはっきりしてくるのです。

もちろん、「したい」ことが自己了解できても、病気や障害の程度や年齢によってはできないこともあり、つらさ、悔しさがこみ上げてくるかもしれません。その場合、過去の行為を一緒に考え、評価できるものを探すのも一つのやり方です。以前は仕事で成果を残してきた、スポーツや音楽、絵などで評価されていた、がんばって子育てをしてきたなど、評価できる経験が見つかれば、その努力を評価し、過去の功績や行為に敬意を示すのです。

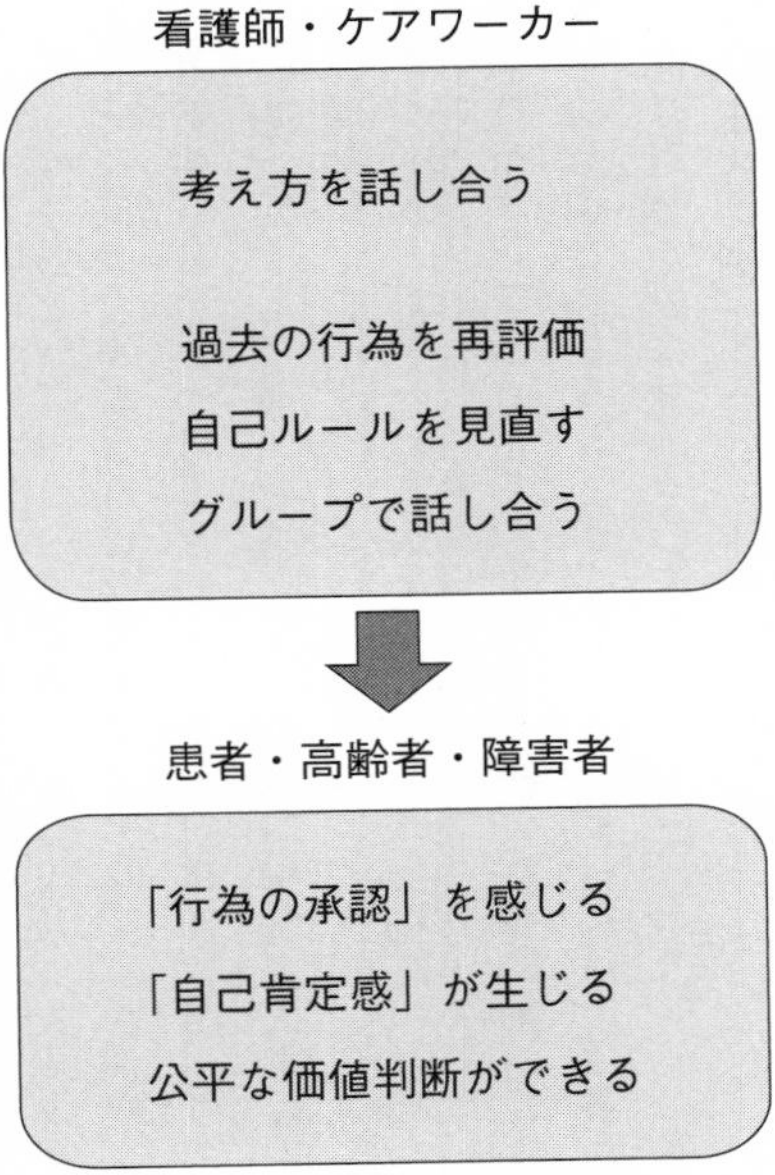

話し合いの効果

これによって「行為の承認」を実感し、承認不安がさらに緩和されれば、いまの自分を冷静に見つめなおし、これまで執着していた考え方、自己ルールを見直し、いまできることに向き合えるようになります。そして、ささやかであっても、自分なりの喜びを見出せる生き方を見つけようとするかもしれません。

一方、若くして障害を抱えている人の場合、人生はまだまだ長いのですから、なんらかの仕事を介して「役に立っている」「できることがある」と実感できたほうがいいと思います。あるいは、仕事ではなくても、誰かの役に立つこと、できることを探すのです。

家族やケアワーカーらの世話や共感、親和的承認によって、あるがままの自分に対する肯定的意識を感じることができても、それだけでは満たされないものもあります。やはり人間は自分が役に立っていると思いたいし、「行為の承認」を介して、世の中にとって価値のある存在だと感じたいものなのです。

†誰が承認不安を緩和し得るのか?

以上のように、承認不安による心の病、承認不安シンドロームへの対処法である「承認を介した自己了解」と「自己ルールの修正」は、子供の成長過程における保育、教育においてのみならず、高齢者、患者、障害者といった人々の介護や看護においても重要になります。それは承認不安を解消し、彼らが自由と承認を感じて生きる可能性を広げてくれるはずなのです。

このような承認不安を抱えた人への対応は、看護師や保育士、教師、介護福祉士、ケアワーカーなど、教育やケアの領域の専門家にとって重要なことは確かですが、専門家ではない一般の人々であっても、一定の条件を持った人であれば、ある程度まで可能だと考えられます。その条件とは、不安が強くなく、共感性があり、自己了解ができている人、自己ルールが偏っていない人です。

承認不安があまりに強い人は、自己了解があまりできないし、自己ルールにも無自覚になりやすいでしょう。それでは、言動が一致しなかったり、相手の不安に落ち着いて対処できないため、相手の信頼、安心感は得られません。

しかし、単に不安がない人というだけでは、相手にあまり共感はできないし、苦しみを十分に理解することは難しいと思います。不安を感じない人の楽観的な意見は、時には救いになりますし、心を軽くしてくれますが、「この人に私の気持ちはわからない」と思われてしまい、心を閉ざされてしまう場合も少なくありません。

承認不安に苦しんでいる人に共感し、適切な対応をすることができるのは、自らも承認不安に苦しんだ経験がある人です。ただし、過度の不安はある程度まで克服され、緩和されていなければなりません。自ら不安を克服した人は、相手の承認不安に動揺せず、それでいて深い共感を示すことができます。そのため、相手は親和的承認を感じて不安が緩和され、自己了解が生じる可能性が高くなるのです。

もちろん、専門家でなければ難しい場合があるのは確かでしょう。保育や教育、看護、介護、セラピーは、どれも大変専門性の高い仕事であり、知識と経験、適性がなければ優れた対応をすることはできません。しかし、それでも一般の人々にできることはたくさんありますし、決して不可能なことばかりではないと思うのです。

そもそも人類の長い歴史を振り返ってみても、看護や介護、保育などのケアの仕事は、もともと専門家がいたわけではなく、身近な人々の間でお互いに助け合うかたちでなされてきたのです。

そんなことはない、という反論があるかもしれません。かつては高齢者や障害者は邪魔な存在として遺棄される場合も多かったのではないのか、と。なるほど、かつては高齢の親のケアを放棄し、殺したり、放置する社会も存在しました。自分たちが生きるだけで精一杯であるため、高齢者や障害者の世話をしている余裕はまったくない、という人々はたくさんいましたし、狩猟採集の時代にさかのぼれば、高齢者や障害者を連れて移住を繰り返すことはかなり困難なことだったでしょう。

しかし一方では、高齢者を知恵のある貴重な存在として、非常に大事にしていた社会も少なくありません。また、十万年以上も前のネアンデルタール人の化石を調べると、小人症や手足の麻痺、咀嚼不能な人が成人期まで生き延びていたことがわかっています。つまり、彼らは虚弱者、障害者の世話をしていたのです。

いずれにせよ、私たちの社会はいま超高齢化社会となりつつあり、高齢者、患者、障害者が増えるなか、やがて心のケアを専門家だけが担うのは困難な状況になるでしょう。そのため、他人の承認不安を緩和し、自己了解を促す力のある人が増えていくような、新しい社会のしくみが必要になります。お互いの心をケアし、承認不安を緩和し合う関係性。自己了解を促し合い、自己ルールを修正し合えるような関係が、もっと社会に広がっていくべきなのです。

相互ケア社会の未来

†承認不安を解消し、自由に生きる

最後に、これからの社会がどうあるべきかについて考えてみたいのですが、その前に、本書で述べてきたことを、少し整理しておくことにしましょう。

現代社会は承認不安に満ちており、このことが自由に生きることを妨げています。不安は危険を告げる信号の役割を担っており、不安があるからこそ、私たちは危険を避けることができるのですが、しかし不安が大きすぎると冷静さを失い、危険を避けるための適切な対処、行動ができなくなってしまいます。不安の悪循環に陥り、ますます不安が増大する場合もあるし、不適切で不合理な行動によって対処し、さらに悪い状況をもたらす場合もあるのです。

不安の悪循環は、特に承認不安において起きやすいと言えます。なぜなら、承認不安は過剰な自意識をともなうため、不安になっている自分を意識しすぎることで、ますます不安になるからです。その結果、不安を避けることで頭が一杯になり、毎日のように不安に悩まされたり、不合理な行動に走ったり、身体的な不調さえ生じます。いわゆる承認不安シンドロームが顕著になるわけですが、それがどんどん悪化すれば、深刻な心の病にさえ至るのです。

承認不安の増大は自由に行動することを不可能にします。理由は二つあって、ひとつは、不安を避けることで心身ともに疲れはて、やりたいことができなくなるから。もうひとつは、承認不安は「自由に行動すれば人から認められないかもしれない」という不安でもあるからです。

いまの社会は自由に生きることが制度上は可能な社会なので、各自がそれぞれの価値観で生きることができます。ところが、価値観の多様化は承認不安の増大を招くため、いざ自由に生きようとすれば、承認されないかもしれない、という不安が増してくるのです。その結果、周囲の承認を得るために同調し、自由をあきらめてしまう人が少なくありません。

このような状況に対して、他人の承認にふりまわされず、自由に生きるべきだ、といった主張をする人もいます。嫌われることを怖れず、自分のやりたいこと、やるべきことに専念すべきだ、というわけです。

なるほど、まわりの人に同調してばかりで、まったく自由に行動できなくなっている人は、他人の目を気にしすぎていると言えますが、しかし他人の目をまったく気にしないわけにもいきません。人間は自己価値を確認できなければ不安になりますから、よほどの自信家でないかぎり、他人の承認などどうでもよい、というわけにはいかないのです。

このように、私たちは日々の生活の中で、しばしば自由と承認の葛藤を経験するため、この二つを相反する欲望のように感じ、「自由と承認は両立しない」と考えてしまいます。しかし実際には、他者の承認を得て自己価値を確信し、なおかつ自由を感じて生きることは、決して不可能ではありません。

たとえば、自分の好きなことをがんばった結果、認められる場合を考えてみて下さい。親の反対を押し切って歌手になり、最初は周囲も冷ややかな目で見ていたとします。これは承認を捨てて自由を選んだとも言えますよね。しかし、後になってその歌が認められ、高く評価されるようになったとしたら、自由な生き方の中、さらに承認（行為の承認）をも得たことになるでしょう。

たとえこのような成功がなくても、親が歌手になることを許し、応援してくれたり、失敗しても慰めてくれるなら、そこには愛情に基づく親和的承認があるので、やはり自由と承認は両立しています。親和的承認はあるがままの存在を認めることなので、自由と承認を同時に感じさせてくれるのです。それは、成功した時ほどのよろこびはなくても、またがんばろう、挑戦しよう、という生の活力につながることでしょう。

†心のケアの原理

自由に生きるためには、自分の「したい」ことを自覚し、それを遂行する力が必要なのですが、それは「自己了解ができる」ということでもあります。

自己了解の力が形成されるには、感情が受け入れられ、共感を得ることが必要です。そのためには、幼い頃から親和的承認を十分に経験していることが一番よいのですが、そのような経験に乏しい人でも、話を聞き、共感を示したり、気づいたことを指摘してあげたりすれば、自己了解することはできます。心の治療がこうした共感的な理解、親和的承認によって自己了解を促すものであることは、すでに述べたとおりです。

こうした「承認を介した自己了解」は心の治療だけでなく、子育て、保育、教育にも深く関わっていることを私たちは見てきました。また、高齢者、患者、障害者など、さまざまな人々の承認不安に対しても、この原理を活かすことができることもわかりました。それは、保育、看護、介護、障害者の援助など、広い意味での「心のケアの原理」と言えるのです。

優れた心理臨床家、看護師、介護福祉士、ケアワーカー、保育士らは、なかば無意識のうちにこのような対応をしているのだと思います。専門家だけではなく、苦しんでいる人に対して、親身になって話を聞き、共感している人たちの中にも、知らず知らずのうちに相手の自己了解を促している場合があるはずです。そのような人は、おそらく過度の承認不安がなく、自己了解のできる人、自己ルールの歪みが少ない人なのでしょう。

ロジャーズが共感や自己一致をセラピーの中心に据えていたことは、すでに触れたとおりですが、彼はそれをセラピストに必要な条件だと考えていました。カウンセラーやセラピストに必要なのは、相談者（患者）を無条件に価値ある人間として配慮すること、相談者の感情に共感し、理解しようとすること、そして自分の感情を自覚し、言動が一致していること（自己一致）、という三つの条件があることを示したのです。

無条件の配慮や共感的な理解が親和的承認の働きをすることは、言うまでもありません。また、言動が一致していなければ、当然、相手に不信感を抱かれます。

たとえば、相談している人の話にうんざりした気分になった場合、こうした自分の気分を自覚しないまま、「わかるわかる！」といった表面的な態度を取ったとしましょう。セラピストとして共感すべきだ、という義務感が、自分のネガティヴな感情に蓋をしてしまうのです。しかし、セラピストが自分の感情に気づいていなくとも、うんざりした気分は微妙な表情やふるまいに現れ、相談者に伝わってしまいます。すると、相談者はこう思うはずです。「このセラピストは調子のいいことを言っているが、本当は治療するのが嫌なんだろう」と。こうして、言動の不一致は信頼関係を壊してしまい、事態は進展するどころか悪化することになるのです。

このように、自己一致とは自己了解できている状態のことで、自分の感情を自覚し、この感情と矛盾した言動をしない、ということを意味します。

もちろん、セラピストはうんざりした気分になったからといって、「あなたにうんざりしています」と言うわけにはいきません。嘘はつかないにしても、「ちょっと今日は気分がよくないんです」とか、言葉を工夫する必要はありますし、うんざりしていることを伝えないとしても、自分のうんざりした気分を自覚し、自己了解できていることが必要になります。

セラピストにかぎらず、看護師や介護福祉士、ケアワーカー、保育士、教師など、広い意味でのケアに関わる人にとっても、自己了解ができているか否かはケアの質を左右します。自己了解ができている人ほど、相手に共感し、よりよく相手を理解できる、といってもいいでしょう。それは相手の感情に共振する自分の感情に目を向け、そこから相手の心を了解することができるからです。

そのような共感的了解は、相手に親和的承認を感じさせ、承認不安を緩和します。それだけでなく、その深い了解から発する言葉は、相手の自己了解を促し、自分自身の気持ちに気づかせることさえできるのです。

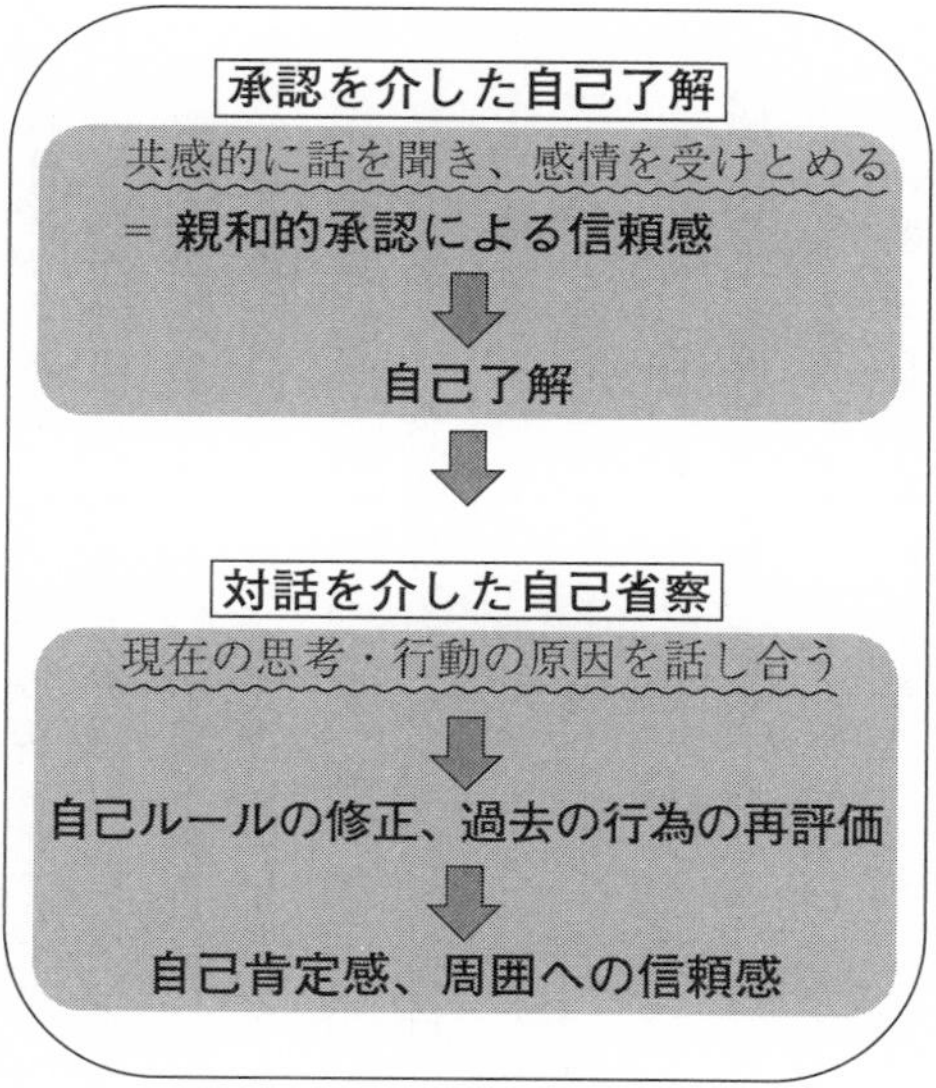

心のケアの原理

こうして自己了解ができれば、自己ルールの歪みにも気づき、修正することができます。それは心理的治療だけでなく、ケアの領域全般に共通する「心のケアの原理」なのです。

†心のケアは一般人でもできるのか?

すでに述べたように、「心のケアの原理」に基づく対応はケアの専門家だけでなく、一定の条件さえあれば一般の人にも可能です。

心理臨床家や看護師、保育士、介護福祉士でなくとも、承認不安が小さく、自己了解ができている人は、他者の承認不安を緩和し、自己了解を促す可能性を持っているのです。

承認不安が強すぎなければ、不安で頭が一杯になって自分を見失う、ということがありません。その分、自分の感情に気づくことができるし、自己ルールの歪みも少ないはずです。歪みがあっても自分で気づき、修正できるのですから、それも当然のことでしょう。そのため、偏見で人を判断することも少なく、自分とは異なった価値観にも寛容になりやすいと言えます。

自己了解する力は、もともと親や保育士など、親密な関係にある他者の共感をベースに培われるため、同時に共感する力が育まれます。

共感は相手の感情が自分の感情であるかのように感じられ、相手と同じような感情体験が起こることを言います。悲しんでいる人を慰めていると、自分も同じような悲しみを感じ、つい泣いてしまうことがあるでしょう。この共感性は幼児期のかなり早い段階からあることがわかっていますが、最初は相手の感情と自分の感情を混同しています。

メルロ＝ポンティによれば、「共感とは、私が他人の表情の中で生き、また他人が私の表情の中で生きているように思うという、その単純な事実のこと」（「幼児の対人関係」『眼と精神』）であり、共感は自己と他人との未分化を前提にしているのです。これは、他人の動作を見ただけで、相手と同じような脳内の活性化が見られるという、脳科学におけるミラーニューロンの理論とも一致します。

たとえば、痛くて泣いている子を見て、まるで自分が痛いかのように泣き出してしまう、という子を見たことはないでしょうか。まだ明確な自己意識がないので当然ですが、これは相手と自分を同一視し、自分自身に悲しい出来事があったかのように感じてしまうのです。

しかし、自分の感情を自覚し、自己了解できるようになるにつれ、自分の感情が自分自身のものではなく、相手に由来することもわかるようになり、相手に対して同情や憐憫が生じるようになります。共感と自己了解の力によって、相手の気持ちを理解し、相手のことを思いやり、相手が自分自身の本当の気持ちに気づくことができるよう、自然と働きかけているのです。

このように、自己了解ができる人は共感性も高く、相手の気持ちに対して心が動き、そうした自分の心の動きから相手の気持ちを了解し、自然と共感的態度になります。そして、その気持ちを言葉にしてあげることができます。この共感的態度と言語化により、相手も自己了解を促されるのです。

ただし、共感した感情を冷静に受け止め、客観視する態度も必要になります。そうでなければ、相手の感情に呑み込まれてしまいます。相手の悲しさや苦しさに共感し、自分自身が苦しくなりすぎて、メンタルをやられてしまう、という人もいるでしょう。これでは相手を援助する以前に、自分の身が持ちません。

また、異なった価値観に対して寛容な態度を持っている人は、多様なものから共通性、普遍的なものを見出そうとする視点（普遍的視点）が形成されやすいと言えます。多様な価値観を公平に吟味したり、さまざまな考え、立場の人の身になって考えることのできる人間は、誰もが認めるような考え、共通点を見出す機会も多いからです。そしてこの視点があれば、他者の自己ルールが歪んでいる場合、これを修正するために有効な助言を与えることができるでしょう。

以上のように、承認不安が強すぎず、自己了解ができる人、他者に対して共感的に理解できる人は、他者の承認不安を緩和し、自己了解を促す力を持っています。また、多様な価値観を受け入れ、普遍的視点で物事が判断できる人は、歪んだ自己ルールを修正する上で、重要な協力者になる可能性が高いのです。

これは、心理臨床家やケアの専門家にとってはとても大事なことですが、専門家ではなくても、こうした条件をそなえている人はいます。一般の人たちのなかにも、承認不安の強い人に対して適切な対応ができる人はいますし、そのような人は普段の生活の中で、さまざまな人に信頼され、承認不安をやわらげ、親和的承認を与えているだけでなく、知らず知らずのうちに自己了解を促しているはずです。

こうした人たちも最初から不安がなかったわけではありません。むしろ強い不安を経験している人が多いでしょう。おそらく、信頼できる人の親和的承認を土台にして、自己を内省し、自己了解することで不安を克服してきたのです。最初から不安のない人間は、無鉄砲になりやすく、弱い人間の気持ちに寄りそうことができません。強い不安を克服した人間だからこそ、他者の不安を理解できるし、深く共感し、自己ルールの歪みにも気づくことができるのです。

もっとも、このような人たちは経験から得た適切な対応を直観的にやっているだけで、決して「心のケアの原理」を意識的に心がけているわけではありません。そのため、自分のやり方に確信がもてなかったり、誤った対応をしてしまう可能性もあるのです。

したがって、「承認を介した自己了解」や「自己ルールの修正」といった「心のケアの原理」を理解し、専門家の意見もしっかり参考にする必要があります。そうすれば、きっと一般の人々の間でも、心のケアを必要としている人たちに対して、自覚的に対応できる人が増えるでしょう。

†相互ケア社会の構築

いま私たちの社会は人口減少社会と言われ、高齢者が激増しているだけでなく、それにともなって患者や障害者の数も多くなっています。いまのままでは、看護師、介護福祉士、ケアワーカーは足りなくなるでしょう。しかも彼らは身体的なケアを含めてやらなければならない仕事が多すぎるため、心理的なケアに多くの時間を割くことはできません。

これは、保育士や教師、セラピスト、精神科医にも同じことが言えます。そもそも費用面を考えてみても、すべてを専門家に委ねるのは限界があるのです。

したがって、どうしても専門家に頼らざるを得ないケースを除き、私たちはお互いに助け合うことで、この問題を解決する道を考えなければなりません。それは、相互に心理的なケアを行えるような、いわば「相互ケア社会」を考えることでもあります。ではいったい、どのようにすれば、そうした社会が実現するのでしょうか？

まず必要なのは、不安が少なく、自己了解のできる人間を育てることであり、子どもに対する心のケアが重要になります。家庭、保育園、幼稚園、学校において、十分に共感、親和的承認を与え、自己了解ができるようになれば、将来的に心の安定した人間に育つ可能性は高いでしょう。

親和的承認が不足したり、強い承認不安が生じるような経験が多ければ、自己ルールに偏り、歪みが生じてしまいますが、その場合も、できるだけ早めに修正していくことが必要です。家族が原因の場合、なかなか他人が口出しできないので厄介ですが、学校やその他の機関において、本人が自己ルールの歪みに気づけるよう、適切な対応をしなければなりません。

また子どもの「したい」ことを受け入れ、何かに没頭する経験を十分に与えることで、自意識の肥大化を防ぎ、「したい」こと、楽しめることを増やすのも大事になります。「したい」ことのなかには、「できる」能力が必要なものもあり、将来の仕事、夢、理想に関する欲望は、こうした能力を培う努力が不可欠です。ここに教育の重要な役割があるのです。

さらに、学校では多様な価値観を教えたり、さまざまな考えや立場の人と交流する機会や、生徒同士で語り合う機会を設けることで、普遍的視点を培えるようにする必要があります。普遍的視点が形成されれば、承認不安に左右されず、やがては普遍的自己承認もできるようになります。また、他人の承認不安を緩和し、自己了解を促すだけでなく、他者の歪んだ自己ルールを指摘し、修正することもできるようになるはずです。

成長過程で十分に承認不安の解消、自己了解の力が身につけられなかった人も、こうした力をもった人との関係によって、承認不安の解消、自己了解ができるようになる可能性は十分にあります。それは親友や恋人、先生であるかもしれません。あるいは、セラピスト、看護師、ケアワーカーとの出会いが、自己了解、自己ルールの修正につながる場合もあるでしょう。

こうして、誰かの助けで過剰な承認不安から脱し、自己了解ができた人は、今度は他の誰かの承認不安を緩和し、自己了解を促せるようになります。そして、このような人々が増えるほど、相互に心のケアを行える関係性も増え、相互ケアの浸透した社会が形成されていくはずです。そうなれば、社会の中に蔓延した承認不安が緩和され、自由に生きる人々が増えていくことでしょう。

†承認不安が生むいじめと差別

相互ケアの社会という考えについて、やや楽観的過ぎると思うかもしれません。心理的治療、看護や介護、保育、障害者の援助などは、どれも専門の知識や経験が必要であり、素人では到底、手に負えないのではないか、そんな疑問を抱いた人もいるでしょう。

しかし、今後、ますます承認不安が増大していけば、看護師、介護福祉士、ケアワーカー、心理臨床家、保育士など、ケアの専門家だけでは対処しきれません。そうなれば、強い承認不安を抱えた人間は自己了解ができず、欲望も拡がらないため、不安と危険を避けるための行為が日常茶飯事となるでしょう。その結果、周囲の人の顔色をうかがい、場の空気を読み、同調した行動ばかりをとるようになり、自己不全感を抱く人は後を絶たない状況になるはずです。

また、承認不安の蔓延が社会全体を危険な道に導く可能性もあります。

承認不安は自己価値の不安なので、自己肯定感が低くなり、自暴自棄になる人、独善的に自己価値を強弁する人もいるでしょう。強い不安は冷静な判断を阻害し、不合理な行為、歪んだ言動を生み出してしまうのです。

下落した自己価値を回復するために、他者の価値を貶め、優越感に浸る人間も増えてくると思います。相手に価値がないと思い込み、周囲の人間にもそのように思わせることができれば、自分のほうが価値のある人間だ、と信じることができます。他者をばかにしたり、軽蔑した言動を弄することは、相手の価値を引きずりおろし、無価値なものにすることで、相対的に自分の価値を底上げしようとする、あさましい戦略なのです。

すでに今日において、いじめやハラスメントは至るところで目にしますが、これは承認不安という泥沼から這い出すために、無関係な人間を引きずり落とす行為とも言えます。

こわいのは、こうした他者の価値を引きずり落とすやり方が、承認不安を抱えた多くの人々に伝染し、集団ヒステリーと化すことです。そうなれば、人種や民族、国、宗教、性別、容姿、病気、障害など、自分の意志では変えられないことについて、侮辱した言葉、攻撃する言動が増加し、ヘイトスピーチが世に満ち溢れるでしょう。ネットの普及によって、無責任な言葉が垂れ流され、不満の募った多くの人々の心に共振すれば、差別や迫害が常態化するのです。

これは決して、大げさに言っているわけではありません。歴史をふり返ってみれば、むしろありふれた出来事と言えます。

差別は自己価値の底上げを本質としています。自分の価値に自信がない人間が、他人の価値を引きずりおろし、価値のない人間として見下すことで、自分のほうが上だ、自分のほうが価値がある、と思いたがっているのです。本当の意味での自信がなく、能力や価値ある行為とは無関係な属性にこだわり、自分とは異なる生まれ、貧しさ、信仰、障害などを貶めようとするのです。

こうした差別や迫害は、社会不安の大きな状況下で生じやすいと言えます。

生活の不安、死の不安の増大は、一見、承認不安とは無関係に見えますが、自分の生に対する理不尽さ、不条理を感じると、人間は生きる意味の喪失感、自己価値の低下を感じ、承認不安も大きくなるものです。しかも、自分が生きることで精一杯になり、自分の価値と生活の維持が最優先されるため、他人へ配慮する余裕も失われてしまいます。それどころか、自分の苦しみの原因を他人のせいにし、排除しようと躍起になるのです。

†相互ケアの生み出す承認の充足

人間の価値は行為、態度によって決まるものであり、国や民族、家庭状況、障害、才能など、本人にはどうにもならない境遇で価値が決まることはありません。趣味や感受性、ライフスタイル、思想、宗教なども、他人に迷惑をかけないかぎり、誰にも文句を言う筋合いはないでしょう。お互いの自由を守るために、誰もが人権を保障され、「存在の承認」を得られるようにすべきですし、そこに差別があってはならないのです。

しかし、これほど差別が悪いという教育が浸透した現代社会においてさえ、いたるところで差別が存在します。平時には、差別が悪い、と口で言っている人々でさえ、戦争や災害、病気の流行など、非常時には余裕をなくし、差別的言動を吐き出してしまうのです。

コロナウイルスのパンデミックのさなか、欧米諸国でアジア人差別などの報道もあったことは記憶に新しいでしょう。日本でも、コロナに罹った人や医療従事者への差別的言動は少なくありませんでした。最近では、アメリカで黒人差別の問題が再燃し、全米で大きな騒ぎとなっています。社会不安の増大、死の恐怖は、冷静な判断力を失わせ、また自己価値への承認不安を増幅させ、憎しみ、攻撃、暴力の連鎖を生み出してしまうのです。

このような危険性が潜んでいる以上、日頃から承認不安の増幅を抑え、より適切に行動できるような社会の仕組みが必要だと思います。「存在の承認」をお互いに与え、過度な不安の増幅、悪循環を抑えていく必要があります。

法的に人権が保障されるのは当然ですが、それだけではルール上「差別しない」だけで、心からお互いの存在を承認しているとは言えません。そこで、承認を介して自己了解を促す「心のケア」が必要になるのです。

お互いの話を聞き、理解を深めようとするなら、そこに自分との違いだけでなく、同じ部分も多いことに気づかされます。すると、共感をとおして親和的承認が感じられ、「存在の承認」を深く実感できるようになると思います。それによって承認不安は緩和され、自分とは異なる価値観や立場に対しても柔軟になります。それは普遍的視点の形成につながり、差別せず、公平に判断できる力となるだけでなく、普遍的自己承認をも可能にしてくれるでしょう。

このように、多くの人が「心のケア」を実践し、相互ケアの関係性が増えていけば、「存在の承認」はしっかりと社会に根づきます。すでにルールによって人権は保障されているのですが、身近な人間関係の中で親和的承認を享受する機会が増えることで、「存在の承認」がよりリアルに実感されるのです。

また、相互ケアを重視する社会は、困っている人を助ける、助け合う、という行為に高い価値を見出している社会です。お互いの自由と存在を承認するからこそ、他人に迷惑をかける行為は共通のルールで規制し、他人を助ける行為は称賛する、といった善悪の基準を共有することができるのです。これは、普遍的に認められる行為の価値が存在することを意味します。

すでに述べたように、いまの社会に承認不安が蔓延しているのは、価値観が多様化し、普遍的に認められる価値が見えないからですが、しかし、他人の自由を侵害せず、尊重すること、苦しんでいる人を助けることは、誰もが価値ある行為だと思っています。少なくとも、この社会で多様な人々と共に生きていく意志のある人間ならば、こうした倫理的な価値を認めないわけにはいかないでしょう。

そもそも民主主義の社会では、価値観の多様性、個人の自由を守るためにこそ、倫理的な価値が共有され、ルールが敷かれているのです。もちろん、ただルールを守るという消極的な行為だけでは、当然のことなので称賛などされませんが、困っている人を助けるという積極的な行為があれば、感謝や称賛といった「行為の承認」が得られます。

お互いに助け合い、心のケアを交換し合うことは、「よい行為」として評価され、「行為

自由を認め合う（相互承認）

・自由を認められる ⇒ 存在の承認（人権の承認）を得る
・自由を認める（ルールを守り、差別しない）

ケアで助け合う（相互ケア）

・ケアを行う ⇒ 行為の承認（感謝・称賛）を得る
・ケアを受ける ⇒ 存在の承認（親和的承認）を得る

自由と承認の両立する相互ケア社会

の承認」を得る可能性が高いのです。

†なぜ他人をケアするのか?

他人を助けるような道徳的行為以外でも、多くの人から「行為の承認」を得る道はあります。たとえば、音楽、絵画、文学、学問、スポーツ、演技、仕事など、優れた作品やパフォーマンス、業績を示すことができれば、大勢の多様な人々に認められるでしょう。

ただ、それは誰もが経験できることではありません。価値観を超えて、多様な人々に称賛されるのは、多くの場合、卓越した力を発揮した人だけです。それは、圧倒的な能力ゆえに感動を与える場合が多く、誰でもがんばれば称賛される、というわけにはいきません。

これに対して、困っている人を助けたり、悩んでいる人の話を聞いて共感したりすれば、普通、必ず相手から感謝され、周囲の人々から評価されます。この評価は、異なる生活、信仰、思想信条、ライフスタイルの人であっても変わりません。それは文化的な価値観を超えた、人類に共通する普遍的な価値に基づいているからです。

普遍的な価値と言っても、絶対に正しい価値という意味ではありません。しかし、どんなに環境や文化が違っても、人は誰でも自由と承認を求め、死の不安や承認不安を抱えています。生命と自由を保障され、自己価値が認められる環境を望んでいることに、文化的な差異はありません。そこには誰もが認めざるを得ない価値があるのです。

ですから、どんな価値観の人であっても、自分の不安を緩和し、自由を感じさせてくれる人、自分の価値を認めてくれる人に対して、否定的な感情を抱く人はいません。困っている人を助けるという行為を無価値なものだと感じる人は、よほど特殊な価値観や歪んだ自己ルールを抱えていないかぎり、普通はあり得ないのです。

もちろん、人は感謝や称賛を得るためだけに、他人を助けるわけではありません。

哲学者のマッキンタイアは『依存的な理性的動物』の中で、人は人生の過去と未来の各段階において、他者のケアを必要とすることを理解できる存在だと述べています。イルカはケアを施されると、他のイルカや人間に対してケアを施すようになるそうですが、人間も基本的には同じです。ただ、イルカと違い、幼児期をふり返り、親にケアされた記憶、誰かに親切にされた記憶を持っていて、それがケアの動機になるのです。

人間は他者に依存しなければ生きていけない存在であり、自立して生活している人であっても、幼児期には必ずケアされてきたし、病気になれば、あるいは高齢者になれば、再びケアを必要とする可能性を抱えています。自分は自立しているからケアは必要ないし、ケアが必要な人間は自立していない、という考え方をする人もいますが、それは自分の自己価値を維持するために、こうした事実に目をつむっているだけなのです。

したがって、誰かをケアしたことによる「行為の承認」は、ある程度の承認の充足をもたらしてくれますが、大きな高揚感、よろこび、自己価値への強い確信に直結する、とはかぎりません。自分もまた、誰かに助けられたり、悩みを聞いてもらったりしますから、自分だけ特別に価値があるようには感じられないからです。しかし、だからこそ私たちは、困っている人は助けなければいけない、と思うのです。

自分も誰かに助けられてきたし、いまも助けられている。少なくとも、親が自分を一生懸命に育ててくれたのだと感謝している人は、この恩をどこかで返さなければならない、と感じているものです。親には返せないとしても、自分の子どもたちに、あるいは自分と関わった大切な人たちに返したいと思うでしょう。また、人生のどこかで誰かに助けられた人、大きな恩を受けた人は、自分も同じように誰かを助けることのできる人間でありたい、と思うのです。

このような人は称賛を得たいから人助けをするのではなく、承認が得られなくても、とても大事な、価値のある行為をしていると自覚しています。そうした普遍的自己承認ができるので、大きな承認不安はありません。それに、お互いに助け合い、心のケアを交換することで、お互いさまだという共生の意識は高まり、孤立感も緩和され、つながりを感じることもできるでしょう。それは「行為の承認」以上に、大きなよろこびとなり得るのです。

†承認を超えたよろこび

こうして、強い承認不安がなくなれば、他人の目を過度に気にすることなく、自分が本当に関心のあること、仕事、趣味に集中できますし、我を忘れて没頭することもできます。そのような行為が承認されるかどうかはわかりませんが、大きなよろこびをもたらしてくれる可能性があるのです。

心理学者のチクセントミハイは、ある物事に没頭した集中状態をフロー体験と呼び、それが大きなよろこびをもたらす、という研究成果を報告しています。フロー体験とは「注意が自由に個人の目標達成のために投射されている状態」(『フロー体験　喜びの現象学』)であり、自分のやりたいこと、目標に集中している状態です。

たとえば、スポーツ選手が試合中に思うように身体が動くとき、「ゾーン」に入った、などと言いますが、これもフロー体験です。あるいは、画家や音楽家が創作活動中、美的な恍惚状態に入ったときもそうでしょう。もっと一般的な例で言えば、遊びや仕事に集中し、どんどん目標に向かって思いどおりにできている状態も同じです。それは、流れるような感覚、無理のない没入状態であり、自意識がなくなり、楽しさ、気分の高揚感があるような体験と言えます。

チクセントミハイの研究によれば、幼児期における情緒的安定が乏しく、自意識の強い人、自己中心的な人ほど、このような体験をすることができません。さらに「すべての子供たちは自意識が妨害し始めるまで、完全な忘我と没入によって自発的に活動する」(同右)とも述べており、これは、幼児期に親和的承認を享受できず、遊びなどに没頭する体験が少ないほど、自意識、承認不安が強くなる、という本書の主張とも一致します。

フロー体験はマズローが「至高体験」と呼んだものに近い面があります。

至高体験は宗教的な啓示、知的な洞察の瞬間、愛情体験など、感動を含んだ多くの体験を指しますが、「至高体験における知覚は、相対的にみて、自我を超越し、自己を忘却し、没我的、非利己的」（『創造的人間』）であり、恐怖、不安、防衛がなく、純粋な愉悦、高揚がある状態です。そして、多くの人にアンケートをとったところ、このような体験が多い人間ほど、自分の人生には意味があり、幸せだと感じやすいことがわかっています。

すでに述べたように、マズローは人間の欲求を五段階の階層に分け、承認の欲求が満たされれば、次に自己実現の欲求が生まれるのであり、至高体験は自己実現の欲求を満たしている人間ほど生じやすい、と述べています。おそらくそれは、承認不安がなくなれば過度の自意識もなくなり、目の前の対象に没頭できるため、結果的に自分の力を発揮できる状態になるからだと思います。

自己実現とは、自分の能力を発揮してやりたいことをやり、個性を実現している状態のことですが、フランクルによれば、自己実現はそれ自体を追い求めても得られません。自己実現は自己超越の副次的結果であり、「人間は、自分の人生の意味の充足に自らを委ねれば委ねるほど、その程度に応じてのみ、自分自身を実現する」（『意味による癒し』）というのです。

要するに、他人の評価（承認）など気にせず、自分にとって価値あること、意味のあることに我を忘れるほど没頭したときにのみ、自分の個性と力が発揮される、その結果として自己実現ができる、ということでしょう。それは、本当の自分を実感できる瞬間なのかもしれません。だとすれば、承認不安を解消しなければ、このような状態に近づくことはできません。

以上のことから、やはり自由を認め合うことで得られる「存在の承認」、倫理的な次元で確保できる「行為の承認」は重要と言えます。これによって、承認不安が緩和され、過剰な自意識の暴走も抑えられますし、自分の興味、関心を大事にし、「したい」ことに没頭できるからです。それは、将来のことを心配する状態から解放され、いまこの瞬間の楽しさを味わっている状態、よろこびに満たされた状態なのです。

†価値あるものを求めて

誰もが他者に対するケアの精神を持ち、お互いに配慮しあうことができれば、各人が「存在の承認」を実感し、自己了解の力、普遍的視点を身につけることができます。そして、困っている人を助ければ、共感的なやさしさ、思いやりが育まれ、「行為の承認」によって自己肯定感も生まれます。相互ケアの仕組みがうまく機能すれば、ケアされることで「存在の承認」を感じ、ケアすることで「行為の承認」も得られるのです。

こうして、承認不安が緩和されれば、自己価値の喪失をおそれることもなく、自分のしたいこと、やるべきことを自覚し、自由に生きることができます。それは趣味を楽しんだり、映画や自然の美しさに感動したり、自分にとってのみ価値のあることかもしれません。生活に必要な労働を除けば、後は自分の好きなことに没頭することができるのです。

また、好きなことに集中し、没頭できること自体にもよろこびはありますが、周囲の評価（承認）をとおして、誰もが価値を認めるような行為や作品に情熱を傾け、普遍的な価値を求めることによろこびを見出すこともできます。

たとえば、絵が好きで、絵を描いているときによろこびを感じている人がいたとしましょう。彼は絵を描くことに没頭し、ただそれだけで満足だったのですが、やがて周囲に称賛されたり、批判されたりするうちに、「もっと上手になりたい」と感じるようになり、一生懸命に練習をしはじめます。そこには、自分の絵をもっと評価してほしい、という承認欲望があるのです。そして、一定の評価を得るようになり、自分でも納得のいく絵を描けるようになれば、もはや評価にこだわることもありません。承認されることよりも、価値のある絵が描けるかどうかのほうが大事になるからです。

これは、楽器を演奏したり、舞台で演技を見せる人にとっても、同じことが言えます。もっとよい演奏、演技をしたい、ほんものの演奏、最高の演技をしたい、そう思うようになるのです。スポーツで活躍する人も、身体能力の限界に挑み、優れた技能を発揮できれば、それは大きなよろこびとなります。また、パン屋であれば、誰もがおいしいと言うような「最高のパン」を作ってみたい、と思う人もいますし、医者や教師のなかには、本当に「よい医療」や「よい教育」を目標にする人もいるでしょう。

これらに共通しているのは、周囲の評価を無視せずに活かし、本当に価値ある行為、価値ある作品につなげたいという思いです。こうした普遍的に価値あるものを、ヘーゲルは「事そのもの」と呼んでいますが、人間は他者の承認をとおして、本当に価値のあるものを追求するようになる可能性があるのです。

他人の評価を気にしすぎれば、結局は承認不安に襲われ、自由を失ってしまうのではないか、と思う人もいるでしょう。確かに他者の言葉を鵜呑みにするだけでは、そうなってしまう危険性もあります。しかし、普遍的なものを目指す意志を持ち、他人の評価だけでなく、自分自身の普遍的視点で吟味することを怠らなければ、自由を失うことはありません。そこには自由の本質である「納得」と「自己決定」があるからです。

このような状態にある人は、もはや周囲の承認に対する過度なこだわりはありません。過剰な自意識に邪魔されることもなく、価値そのものが目的となり、その行為に没頭することができるのです。それはまさに自由な体験、よろこびの体験と言えるでしょう。

†多様な社会に潜む危険性

以上のように、相互ケアの仕組みはこれからの共生社会にとって、重要な役割をはたすことができると思います。それは承認不安を緩和し、より自由に生きる可能性を広げてくれるはずですが、現状では楽観できない状態が続いています。

資本主義の進展とテクノロジーの進歩により、私たちの社会は急速に価値観が変化しており、それは高齢化が進む社会のなかで、古い価値観の高齢者と新しい価値観の若者の間に、深刻な対立を生み出しています。また、少子高齢化によって、若い労働力がどんどん不足し始めており、もはや外国人の労働力がなければ成り立ちません。すでに私たちはメディアをとおして様々な価値観を目にしていますが、今後、外国人がますます増加することで、価値観の多様化にさらなる拍車がかかるでしょう。

このような状況にあって、外国人との共生（多文化共生）、高齢者との共生（多世代共生）はもちろんのこと、病を抱えた患者、障害者、LGBT、その他さまざまな人々との共生も重要な課題となっています。こうした多様な人々が共に生きる社会においては、お互いの価値観、自由な生き方を認めあうことは、もはや不可欠なのです。

しかし、ただ単にお互いの価値観、生き方の自由をルールとして認めるだけでは、異なる文化、異なる世代、異なる生き方の人々と没交渉状態になり、お互いに干渉しない関係になってしまいます。そうなれば、それぞれが自由に生きられるとしても、心の中ではお互いを理解せず、身近な仲間や同じ価値観の集団以外の人々に対して無関心になるでしょう。

身近な集団だけに固執すれば、閉鎖的な空間の中で空虚な承認ゲームが展開され、逃げ場を失ってしまうかもしれません。また、見知らぬ人々、異なる価値観の人々に対して、自分たちのほうにこそ価値がある、という潜在的な優越感、差別意識が生まれる場合もあるはずです。そうなると、いざ共通の問題が生じたときには、多数決という名目で、力の強いグループが優先され、少数派を無視してしまう可能性があります。そして、そのような軋轢が積み重なれば、激しい憎しみが生まれますし、災害などの非常時には、優越感や差別意識が顕在化し、ヘイトスピーチや暴力が噴出してしまう危険性も否めません。

したがって、異なる文化や世代、異なる境遇、生き方であっても、お互いの話をよく聞き、差異を認めあいながらも、共有できる部分を見つけていかなければなりません。何度も言いますが、自分とは異なる文化や考え、境遇の人同士でも、同じ人間である以上、倫理的な価値、最低限の善悪の基準は共有できるはずなのです。

この価値の重みをもっと自覚できれば、単に義務的にルールを守るだけでなく、困っていれば助け合い、お互いのよい行為は称賛する、という行為はもっと広まっていくでしょう。身近な人に対して、親和的承認を介して自己了解を促す、といったケアを心がける人も増えるはずです。そうしたお互いにケアし合う関係性は、承認不安や孤立感を緩和し、絆、つながりを生み出してくれるにちがいありません。

†相互ケア社会の可能性

相互ケアの関係が増えていくには、それなりの仕組みも必要です。

まずは、ケアの仕事を担う看護、介護、保育などの専門家が連携し、共通の枠組みにそってケアを行うことが必要でしょう。保育、教育、看護、介護、医療など、諸機関が連携すると同時に、各専門家が親和的承認を介した自己了解の促進、自己ルールの修正といった「心のケア」を実践し、また地域の人々にそのやり方を教えていけばよいのです。

すでに地域社会の中で、医療と介護の連携の試みは始まっています。高齢者が住み慣れた地域で、自分らしい暮らしが続けられるように、その地域の病院、介護老人福祉施設、訪問介護、訪問看護などが連携し、包括的なサービスが受けられることを目標にした、地域包括ケアシステムの構想が進展しているのです。

ここに保育園や学校も含めた、さらに包括的なケアのシステムを構想し、より相互ケアの仕組みが生かせるような地域コミュニティができてくれば、承認不安の少ない、より自由と承認の可能性に開かれた社会になるのではないでしょうか。

そのためには、保育、教育、看護、介護、医療の諸施設が連携するための、共有できる考え方、枠組み、人間論が必要になります。高齢者であれ、子どもであれ、あるいは障害者であれ、あらゆる人間は自由と承認を求める存在です。この人間理解が共有されるなら、親和的承認を介した自己了解、自己ルールの修正が重要な意味を持つことも理解できると思います。これこそまさに、本書が提示してきた「心のケアの原理」なのです。

もちろん、「心のケアの原理」も実践しようと思えば簡単ではありませんし、最初は失敗もあるでしょう。そこで、こういった経験をお互いに語り合う場を設けたり、専門家の助言を聞いたり、それぞれのケアをフォローしあったりするような、よりよいケアの実践ができるための仕組みも必要です。それは個人の負担を軽減するだけでなく、共感と自己了解を生み、よりよいケアの実践につながると思います。

社会に相互ケアが浸透していけば、「存在の承認」を土台として自己了解ができる人が増え、彼らが自由に生きる可能性を開いてくれます。さらに、共通了解された倫理的価値があるため、助け合うことで「行為の承認」を交換し合うこともできるのです。それは自己価値の低下を防ぐだけではなく、孤独感から解放され、多くの人々とのつながりを生み出します。

こうした承認不安の解消、安心感によって、私たちは自分が本当にしたいこと、価値があると思えることに向き合うことができます。周囲の意見には耳を傾けつつも、必要以上にふりまわされることなく、自分のやりたいこと、やるべきことに集中することができるのです。そこには、自分のしたいことを楽しみ、自由を味わうよろこび、充足感があるでしょう。それは時に、納得のいく行為や作品を生むことになり、自己価値に自信を持つこともできるのです。

そこに、自由と承認の葛藤を克服できる道があります。それは自由を感じながらも、自己の存在価値、生の意味を見失わない道なのです。

あとがき

新型コロナウイルスによるパンデミックによって、先の見えない不安な空気が漂っています。いつまでも続くと信じられていた平穏な日常が失われ、世界は不気味で把握しきれないものになりました。不安は危険を知らせる信号のようなものですが、私たちが感じているのは病気による死の危険だけではなく、もはや二度と同じような日常は戻ってこないのではないか、というもっと漠然とした不安のように思えるのです。

「認められたい」ことへの不安も、こうした状況と無関係ではありません。欧米諸国のニュース映像などを見ると、マスクをしていない人も結構多いようですが、日本ではみんな外出時に必ずマスクをしています。これは、単に日本人の衛生観念の高さやまじめさを示しているだけでなく、承認不安から同調圧力を感じ、周囲の人に批判されないように配慮している面もあるのです。

もちろん、それによって感染拡大が抑制されているのなら望ましいことですが、しかし承認不安による行動が悪い方へ向かう場合も少なくありません。たとえば感染者や医療従事者への差別的言動が目立ちますが、これは承認不安による排他的意識が顕在化しているとも言えるのです。

こうした現実を前にすると、本書で提示したような心のケアの原理、相互ケアの可能性といった考えは、やや理想主義的で楽観的だと感じるかもしれません。人間、そんなに簡単には変わらない。そんなつぶやきさえ聞こえてきそうです。

しかし、このような時代だからこそ、私は希望のある未来について書きたいと思いました。実現化が難しいことは重々承知していますが、一人一人の意識が変われば、社会も少しずつよい方向へ向かうかもしれない。少なくとも私はそう信じていますし、この本がよりよい社会の可能性を考えるきっかけになればと思ったのです。

本書は十年前に執筆した『「認められたい」の正体』(講談社現代新書)の続篇であり、承認への欲望と不安の本質を現象学の視点から考えている点では同じですが、前回よりわかりやすく説明し、内容的にも前著より掘り下げて考察しています。また、今回は実践的な解決の処方箋を具体的に提示し、これからの保育や教育、看護、介護など、いわゆるケアのあり方と共生社会についても論じています。

この十年、私は心の病の治療原理、子育て、保育の原理について考察を重ね、大正大学や朝日カルチャーセンターなどで講義をおこなってきました。そうした中で、「認められたい」という人間の欲望の本質についても新たな発見があり、もう一度このテーマに挑んでみたいと思うようになったのです。書き上げてみると、ここ数年の間に考えてきたことが凝縮された、とても思い入れのある本になりました。まだ十分に練られた理論とは言えませんが、読者諸氏のご意見をいただければ幸いです。

最後に、原稿段階から様々な助言をくださり、いつもながら迅速な編集作業で出版にこぎつけて下さった、筑摩書房の松田健さんに心よりお礼を申し上げます。

山竹伸二

二〇二〇年十一月

ちくま新書
1547

ひとはなぜ「認《みと》められたい」のか
――承認《しょうにん》不安《ふあん》を生《い》きる知恵《ちえ》

二〇二一年一月一〇日 第一刷発行

著者 山竹伸二（やまたけ・しんじ）
発行者 喜入冬子
発行所 株式会社 筑摩書房
東京都台東区蔵前二-五-三 郵便番号一一一-八七五五
電話番号〇三-五六八七-二六〇一（代表）
装幀者 間村俊一
印刷・製本 三松堂印刷 株式会社

ISBN978-4-480-07369-3 C0211

ちくま新書

1303
こころの病に挑んだ知の巨人
――森田正馬・土居健郎・河合隼雄・木村敏・中井久夫
山竹伸二
日本人とは何か。その病をどう癒やすのか。独自の精神医療、心理療法の領域を切り開いてきた五人の知の巨人たちを取り上げ、その理論の本質と功績を解説する。

710
友だち地獄
――「空気を読む」世代のサバイバル
土井隆義
周囲から浮かないよう気を遣い、その場の空気を読もうとするケータイ世代。いじめ、ひきこもり、リストカットなどから、若い人たちのキツさと希望のありかを描く。

1226
「母と子」という病
高橋和巳
人間に最も大きな心理的影響を及ぼす存在は「母」であり、誰もが逃れられない。母を三つのタイプに分け、それぞれの子との愛着関係と、そこに潜む病を分析する。

1336
対人距離がわからない
――どうしてあの人はうまくいくのか？
岡田尊司
ほどよい対人距離と親密さは、幸福な人間関係を維持していくための重要な鍵だ。臨床データが教える、社会にうまく適応し、成功と幸福を手に入れる技術とは。

1053
自閉症スペクトラムとは何か
――ひとの「関わり」の謎に挑む
千住淳
他者や社会との「関わり」に困難さを抱える自閉症。その原因は何か。その障壁とはどのようなものか。診断・遺伝・発達などの視点から、脳科学者が明晰に説く。

1149
心理学の名著30
サトウタツヤ
臨床や実験など様々なイメージを持たれている心理学。それを「認知」「発達」「社会」の側面から整理しなおし、古典から最新研究までを解説したブックガイド。

1500
マンガ 認知症
ニコ・ニコルソン
佐藤眞一
「お金を盗られた」と言うのはなぜ？　突然怒りはじめるのはどうして？　認知症の人の心の中をマンガで解説。読めば心がラクになる、現代人の必読書！